ドライバーの働き方改革

ラストワンマイルのイノベーション

足立佑介

日本一ドライバーを幸せにする会社
株式会社 BLUE BATON 代表取締役

マネジメント社

まえがき

ドライバーの働き方改革は、もう待ったなし！

この10年で、インターネット通販は私たちの生活に欠かせないものになりました。スマホで注文すれば、商品が翌日には届いている……。それが当たり前だと誰もが思っています。

しかし、そのサービスを支えている「宅配便ドライバー」のあまりにも過酷な働き方は、ほとんど無視されているのではないでしょうか？

国土交通省の発表によると、インターネット通販の伸びにより、宅配便取扱い件数は２００８年度の約32億件から、２０２１年度の約50億件まで、およそ13年で１・６倍以上も増加しています。（報道発表資料：「令和3年度宅配便取扱実績について」国土交通省）

この増え続ける荷物を運ぶために、数多くの宅配便ドライバーが犠牲になっているのです。

まず「宅配便ドライバーの1日」の一例を再現してみましょう。

＊＊＊＊＊

早朝6時、通販会社の配送センターに到着。

後ろの窓ガラスが見えなくなるほどの大量の荷物を、軽バン（軽自動車規格の貨物輸送車）に積み込む。

高速道路を使うと収入が減るので、一般道を1時間半以上かけ、配達エリアに移動。

ガソリンを節約するため、エアコンはつけられない。

夏は地獄のような猛暑の中、冬は強烈な寒さの中、

駐禁キップを切られないよう、
常に小走りで荷物を運び続ける。
夜9時を回る頃、ようやく配達終了。
しかし、まだ家には帰れない。
そこから1時間半かけて配送センターに戻り、
「不在」のお客様の荷物を届けると23時。
家に帰れるのは日付が変わった翌日……。

＊＊＊＊＊

いかがでしょうか？

これは私がある通販会社の個人事業主向け宅配サービスで働いた時の実体験です。

また、私の個人的な経験だけでなく、厚生労働省が公表している「毎月勤労統計調査」の2022年5月確報によると、運輸業・郵便業の総実労働時間数は月平均176・5時間（一般労働者）。

これは全業種平均の総実労働時間数（161・4時間）と比較して約1割も長く、長時間労働が常態化していると言えるでしょう。

私は創業期だけでなく、現在もサービスの改善点を見つけるため、定期的に個人配送の現場で働いています。そうすることによって、宅配便ドライバーが直面しているさまざまな課題が見えてきました。

1日17時間にもおよぶ長時間労働
多重下請け構造による低賃金
遠すぎる配送センターから配送エリアまでの距離
再配達の多発による効率の低下

特にひどいのが「長時間労働」と「低賃金」です。1日17時間働くにもかかわらず、トイレの時間もゴハンを食べる余裕もありません。そして、こんな働き方を週6日もしているのに、発注者からドライバーの間にいくつもの会社が入る「多重下請け」が横行しているため、月収20万円に届かないドライバーも少なくないのです。

最終流通拠点からお客様に荷物を届けるサービスのことを「ラストワンマイル」と言います。このラストワンマイルを支えている人々の働き方は、あまりにも時代の流れと逆行しているのです。いますぐ改革しなければ、不幸な人が増えるばかりです。

それは世界一の品質といわれている「日本の宅配便」が崩壊することにも繋がりかねません。私は「ラストワンマイルのイノベーター」として、ITを駆使して業界の常識を打ち破り、宅配便ドライバーの働き方を改善したいと考えています。

これは宅配便ドライバーのためだけではありません。必ず「運送を担う企業」と「荷物を発送する企業」の発展、そして「荷物を待っているお客様」のためにもなる……。そう確信しています。

「共同配送」＆「DtoC」で物流業界にイノベーション

はじめまして。株式会社ＢＬＵＥ　ＢＡＴＯＮ代表取締役の足立佑介（あだち・ゆうすけ）と申します。当社は２０２１年11月に物流のラストワンマイル業界に参入し、創業３年足らずで稼働ドライバー３００名超と急成長できました。

この急成長を可能にしたのが、当社のビジネスモデルの中核である「共同配送」と「ＤtoＣ（ディー・トゥ・シー Direct to Customer）」等です。このイノベーションを導入することで、ラストワンマイルにおける従来の問題が解決され、荷主（輸送・保管などの物流の依頼主）・宅配ドライバー・エンドユーザー（荷物を受け取る人・企業）の「三方良し」の実現に向けて取り組んでいます。

まず宅配業務等における「共同配送」とは、荷物のお届け先（納品先）が同じ企業が特定エリアの配送業務を共同化することです。簡単に言えば、複数の荷主の荷物を一人の宅配ドライバーが運び、一度にまとめてエンドユーザーにお届けするということ

とです、
たとえば、これまで薬品メーカーが個別に運送業者に依頼していた配送業務を当社に一本化していただくことにより、各薬品メーカーが負担する運賃を減らすことができます。

その一方で、複数の薬品メーカーの荷物をまとめて運ぶことにより、宅配ドライバーはそれまでより高い運賃をもらうことが可能になっています。エンドユーザーも一日に何度も対応せざるを得なかった「荷物の受け取り」を一度で済ますことができるようになりました、さらに薬品メーカーが負担する運賃が減ったことで、配送料の引き下げも期待できるようになったのです。

そして、「D to C」とは「ネット通販を行なっている小売チェーンと提携した宅配」です。これはネット通販で注文が入った商品を、お客様の最寄りの「小売チェーン実店舗」からピックアップし配達する……というものです。

これまでの宅配は、荷物をすべて「配送センター」に集約した後、お客様に配達していました。そのせいで配送センターと配送エリアは離れることが多くなり、「配達時」や「不在時の持ち戻り（お客様が不在時に宅配ドライバーは荷物を配送センター等に持ち帰る必要がある）」における移動時間のロスが大きくなっていたのです。

しかし、「D to C」の場合は配送地域の小売チェーンの実店舗が配送センターであり、配達エリアも基本的に店舗から10㎞圏内であることが多いと考えられるので、配達時・不在時の持ち戻りの移動時間のロスは最低限になるのです。この移動時間のロスが少ないことは、宅配ドライバーを悩ませる長時間労働を解決してくれます。

そのほかにも、「D to C」では宅配ドライバーは大量に荷物を運ぶ必要がないことが多く、小売チェーンと当社の直接契約であり、多重下請けによる多額の中抜きが発生しないことから、「宅配ドライバーの収入が多くなる」というメリットもあります。

このように「共同配送」と「D to C」というビジネスモデルを取り入れることで、「宅配ドライバーを抱える運送会社」は長時間労働や下請け構造から抜け出し、利益率を向上させることができます。

それは配達を依頼する荷主にとっても運賃というコストを下げることに繋がり、最終的に荷物を受け取るエンドユーザーの利益にもなるでしょう。

いまだに電話とＦＡＸに頼り、ドライバーに大きな負担を押しつけている宅配業界をさまざまなイノベーションで根本から変えていきたい……。私は本気でそう考えています。

コロナ禍に業界転換して年商7億円超

おかげさまで、当社は創業からわずか3年足らずで年商7億円を突破することができました。しかし、そこに至る道には、さまざまな紆余曲折があったのです。

もともと私は新卒でＮＴＴに入社し、営業部門を経て、新規事業立ち上げを担当していました。ＬＩＮＥやＫｉｎｄｌｅが登場する以前にさまざまサービスを考案しましたが、いずれも法律の壁に阻まれ、実現することはできませんでした。

そこで同社を退職し、東京の品川で飲食店を開業したのです。開業した飲食店では、当時まだ珍しかった「レンタルキッチン付きのパーティプラン」などを始め、経営は順調でした。

しかし、そこに襲ってきたのが「新型コロナウイルス」です。オフィス街である品川は人通りがなくなり、パーティなどのイベントも完全にゼロになりました。まさに30名以上の店員やアルバイトと共に、廃業の危機に立たされたのです。

そんなとき目にしたのが、新聞の「飲食店がテイクアウト（宅配）に進出」という記事でした。ただ、「飲食の宅配」は、あまりにもライバル店が多かったので、別の宅配をやるべきだ……と、私は考えました。

その結果、新型コロナウィルスの支援物資配送などを経て、大手ドラッグストアチェーンと「D to C」の原型となる「実店舗からの商品宅配」に参画することになりました。この共同開発が成功し、「共同配送」や「D to C」といった新しい宅配ビジネスの顧客を衣料メーカー、オフィス用品メーカーと広げていくことができたのです。

２０２４年10月現在、多くの運送会社や個人事業主の宅配ドライバーが当社に登録しており、常時３００名以上の方に稼働していただいています。しかし、日本における貨物軽自動車運送事業者は約22万３３８社（国土交通省「貨物軽自動車運送事業者数」２０２２年度）と言われていますから、まだまだ「共同配送」や「Ｄ to Ｃ」を導入する余地があるでしょう。

本書が宅配ドライバーの苦しい現状を変え、世界一の「日本の宅配サービス」を支える一助になれば幸いです。

足立佑介

ドライバーの働き方改革　目次

まえがき
ドライバーの働き方改革は、もう待ったなし！……3
「共同配送」＆「D to C」で物流業界にイノベーション……8
コロナ禍に業界転換して年商7億円超……11

第1章　宅配ドライバーの三重苦

01 「世界一」の宅配サービスは崩壊寸前……20
02 知っているようで知らない「ラストワンマイル」の裏側……26
03 こびりつく「長時間労働」「低賃金」のイメージ……30

04 夜逃げ・未入金・入金遅れが当たり前……36
05 宅配ドライバーを苦しめる「多重下請け構造」……40
06 宅配ドライバーの悲惨な待遇……48
07 いつまでも解消されない人手不足……52
08 運送業界は本当に古いビジネスなのか……58

第2章 「共同配送」と「D to C」で「2024年問題」を乗り越える

09 「2024年問題」で始まる物流の大混乱……64
10 待ったなし！　全国80万人ドライバーの働き方改革……68
11 国が推進する物流改革の方向性……74

12 ラストワンマイルの共同配送で「三方良し」を実現……80
13 ITとAIを活用した「共同配送の発展形」……86
14 「D to C」で街中のドラッグストアが配送センターになる……90
15 「共同配送」×「D to C」を全国展開――異業種にも……96
16 外国人ドライバーを積極採用してみよう……100

第3章 ラストワンマイルの新しい世界

17 貨物運送会社との提携でラストワンマイルの領域を拡大……104
18 AIによるシフト自動生成&調整システム……108
19 ガソリン代と高速道路代を相殺する広告収入モデル……112
20 オーナーと現場監督の二人で年商1億も夢ではない……116

第4章　宅配ドライバーで年収800万円を目指す

21 働けば働くほど稼げる宅配ドライバー……122
22 普通免許があれば宅配ドライバーになれる……126
23 宅配ドライバーになるのに車を保有する必要はない……130
24 「どこからの仕事」を引き受けるかが最重要……134
25 一人だからフットワーク軽く仕事ができる……138
26 宅配ドライバーは女性も働きやすい仕事になる……142
27 心の中に規範（フィロソフィ）を持つ……146
28 「教育する側」も現場に入る……150

第5章　日本一ドライバーを幸せにする会社

29 ピンチをチャンスに変えると幸福になれる……156
30 お客様から感謝される誇り高い仕事……160
31 新型コロナ支援物資の配送で多くの人のお役に立てた……164
32 宅配ドライバーを就活ランキングの上位へ……168
33 物流を通じて日本を元気にしたい！……172
34 ブラックをホワイトに、ホワイトをブルーに染める……178

あとがき
「喜びを届ける」価値観に共鳴した仲間たち……183
働き方改革の先陣を切る……186

第1章

宅配ドライバーの三重苦

01

「世界一」の宅配サービスは崩壊寸前

一人あたり年間72件

これは2019年にドイツの週刊誌『フォークス』で報道された、日本人が1年に受け取った宅配便の数です。そして、この件数は米国・中国・ドイツ・インドといった宅配便利用数の多い国の中でもトップになっています。つまり、日本人は世界で一番「宅配便」を利用しているのです。

そんな日本の宅配サービスは、世界一の品質を誇ります。まず、海外の人に驚かれるのが、荷物が届く時間を無料で指定できる「定刻サービス」。日本の宅配サービスは「午前中・12時～14時・14時～16時・16時～18時・18時～20時・20時～21時」など2時間刻みで配達時刻を指定でき、しかも、その時間どおりに荷物が届きます。

一方、海外の宅配サービスは配達予定日が遅れることも珍しくありませんし、配達時刻を指定するためにはオプション料金が必要です。海外の人が無料で時間指定できる日本の宅配便サービスを知ると、「信じられない！」「ありえない！」という反応をするのです。

また、海外では宅配便の荷物が乱暴に扱われることは珍しくありません。配達先で荷物を手渡しするどころか玄関先に放り投げる、営業所の仕分け作業中に足で荷物を蹴ったり踏んだりしている……というニュースやＳＮＳの動画をご覧になった方も多いのではないでしょうか。

安心、信頼の日本の宅配便

これは日本の宅配便では、めったにないことです。日本の宅配サービスでは傷ひとつ付けないよう、荷物を丁寧に取り扱う傾向が強いのです。そのおかげで多くの人が「割れ物」や「精密機器」なども安心して送ることができます。

他にも、荷物の誤配が極めて少ないこと、コールドチェーン（冷蔵・冷凍輸送設備）が充実しており生鮮食品などの腐りやすいものを安心して送れること、距離によっては即日配送も可能なこと……このような宅配サービスの充実ぶりから、やはり日本の宅配サービスは世界一と言えるでしょう。

10年で5割以上も増加

しかし、そんな誇るべき日本の宅配サービスも数値や現場の感覚からすると、じつは崩壊寸前です。たとえば、国土交通省の「宅配便取扱実績」によれば、宅配便取扱い件数は２００８年度の約32億個から２０２１年度には約50億個まで、およそ10年で5割以上も増加しています。（報道発表資料：「令和3年度 宅配便取扱実績について」国土交通省）

ところが、宅配便ドライバーの数は同じような勢いでは増えていません。国土交通省の調査によると、宅配便を担う「軽貨物軽自動車運送事業者」は２０２２年度末に22万３３００社ほどで、10年前から3割程度の増加とされています。

また、現場の実感としては経済産業省・国土交通省・農林水産省が発表した「我が国の物流を取り巻く現状と取組状況」という調査報告書（２０２２年9月）によると、２０１４年から２０２１年まで、新型コロナの影響が大きかった２０２０年を除いて毎年50％以上の企業が「トラックドライバー不足」だといいます。これでは、現在の

宅配便の取り扱い数

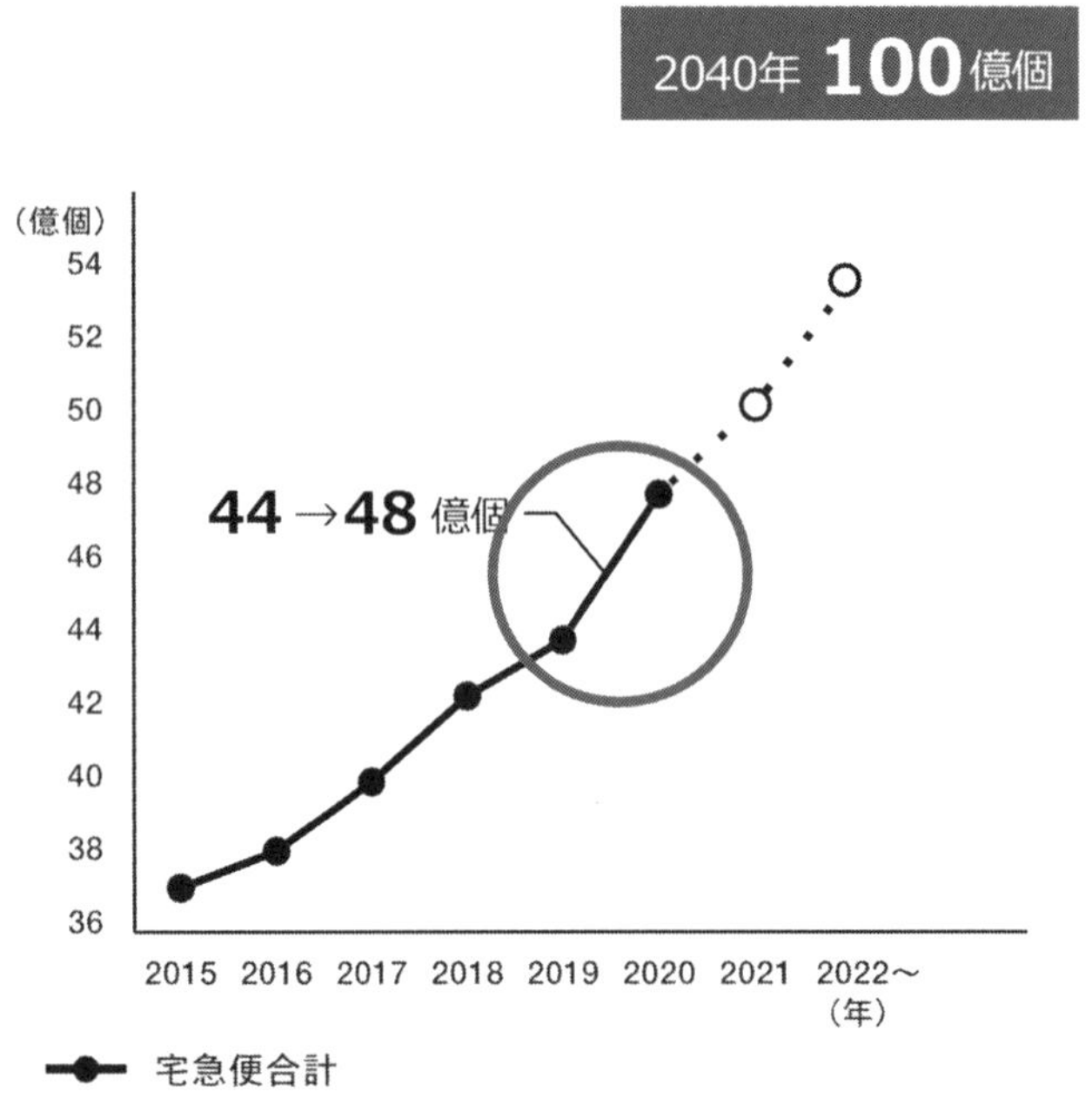

※国土交通省「令和４年度 宅配便等取扱個数の調査及び集計方法」等より作成

ような宅配サービスの品質を保ち続けることはいずれ不可能になるでしょう。

それでは、もう日本の宅配サービスの品質は低下していく一方なのでしょうか？私はそうではない、と考えています。宅配サービスのさまざまな非効率を是正し、宅配サービスが多くの人材を惹きつける業種になれば、言い換えればラストワンマイルの世界が魅力あるものになれば、これからも日本の宅配サービスは世界一であり続けることができます。

宅配便ドライバーが増えないと考えられる理由は、本書の「まえがき」にも書いたとおり、「長時間労働」「多重下請けによる低賃金」「遠すぎる配送センターから配送エリアまでの距離」等の諸問題です。また、その背景には日本の少子高齢化、人口減少という現実もあります。

多くの人はこれらの根本的な課題に目を背けていますが、本書ではさまざまな工夫によって、問題の解決に真っ向から取り組む方法と当社の事例を紹介していきます。

02

知っているようで知らない「ラストワンマイル」の裏側

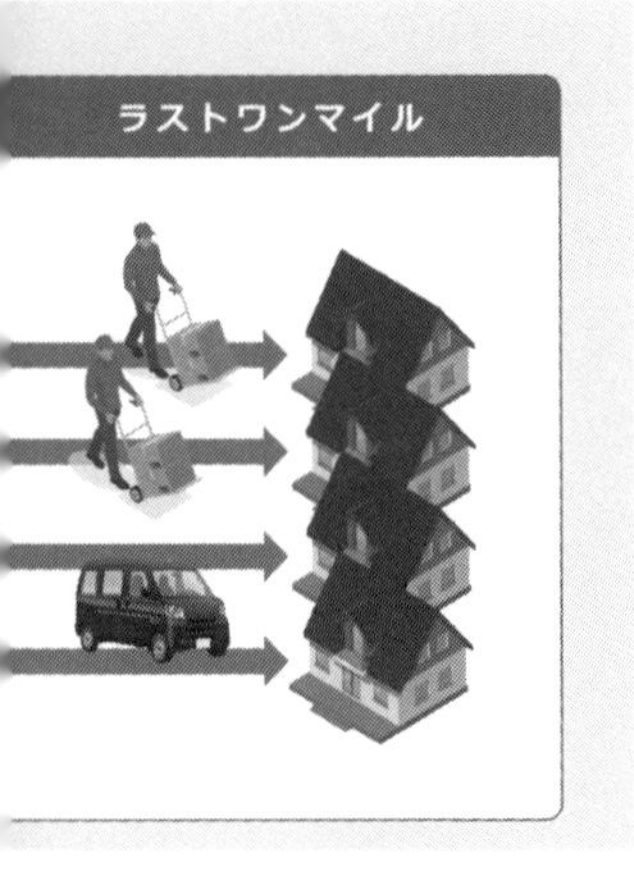

ラストワンマイルとは

この言葉にピンとこない人でも、自宅まで荷物を届けに来てくれる宅配便ドライバーを知らない人はいないでしょう。

ラストワンマイルとは、この宅配便ドライバーが主役の世界です。少し硬い言葉を使えば、「物流における最終拠点からエンドユーザー（荷物のお届け先）の接点となるサービス」ということになります。

この具体的なイメージを知っていただくために、簡単な図でご紹介しておきましょう。

ラストワンマイルと担い手

「ラストワンマイル」とは、エンド拠点～エンドユーザー　担い手は「業務委託」

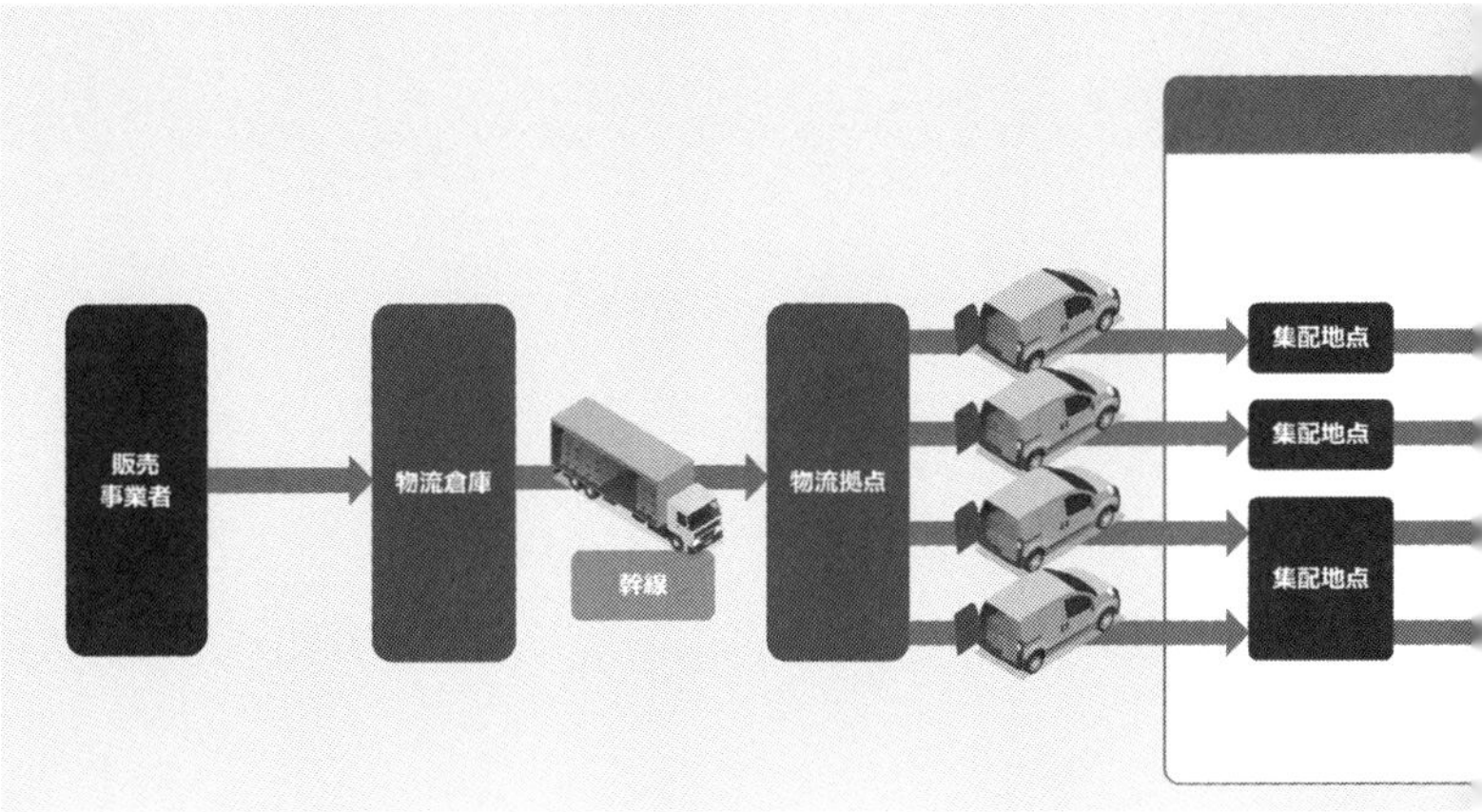

ラストワンマイルがなければ宅配は成り立たない

この図からわかるように、荷主から発送された荷物は宅配便会社の営業所を経由して、各地域の中核的な存在である「センター」という拠点に集められます。

そして、このセンターに集められた荷物は大型トラックに乗せられ、エンドユーザーの近くにある別のセンターまで運ばれます。

センターに到着した荷物は、さらに各地域の営業所まで運ばれ、そこから宅急便ドライバーの手によってエンドユーザーに送り届けられます。

この物流における「最終拠点（各地域の営業所）」と「エンドユーザー（荷物の配達先）」を結んでいるのが、「ラストワンマイル」なのです。

つまり、このラストワンマイルのサービスが存在しなければ、どんな荷物もエンドユーザーのところには届かないということです。「ラストワンマイルの担い手＝宅配便ドライバー」は、物流において極めて重要な存在であることがお分かりいただけると思います。

ラストワンマイルの担い手は宅配便会社の社員ではない

しかし、このラストワンマイルには、ぜひ知っていただきたい「裏側」があります。

それは、ラストワンマイルを担う宅配便ドライバーのほとんどが宅配便会社の社員ではないということ。宅配便会社から業務委託を受けた外部の人材であることです。

これは物流業界を知らない人にとっては、かなり意外だったのではないでしょうか？　日常的に見かける宅配便ドライバーは、基本的に宅配便会社の名前を名乗って荷物を届けていますし、制服も宅配便会社のものだからです。

しかし、このラストワンマイルの裏側を知らなければ、ラストワンマイルにおける課題をしっかりと認識することができません。

言い換えれば、宅配におけるさまざまな問題の解決も、この事実をふまえたものでなければ「絵に描いた餅」になります。

03

こびりつく「長時間労働」「低賃金」のイメージ

最近、各地で長年親しまれてきたデパートやスーパーが閉店する……という話をよく耳にします。ここ最近では、次のような事例があります。

「小田急百貨店あつぎ」が閉店（東京都・2023年11月）
「一畑百貨店」が閉店（島根県・2024年1月）
「新所沢パルコ」が閉店（埼玉県・2024年2月）
「岐阜高島屋」が営業終了（岐阜県・2024年7月）
「イトーヨーカドー津田沼店」が閉店（千葉県・2024年9月予定）

伸び続けるEC市場

これは消費者の購入行動が大きく変わってきた結果でしょう。実際、㈱矢野経済研究所の調べによれば、EC（インターネットでモノ・サービスを売買するビジネス）市場の規模は2019年には16兆円でした。これが2023年には31兆8100億円と2倍に伸び、さらに2027年には49兆円と急拡大する見込みです。

EC 決済サービス市場規模推移・予測

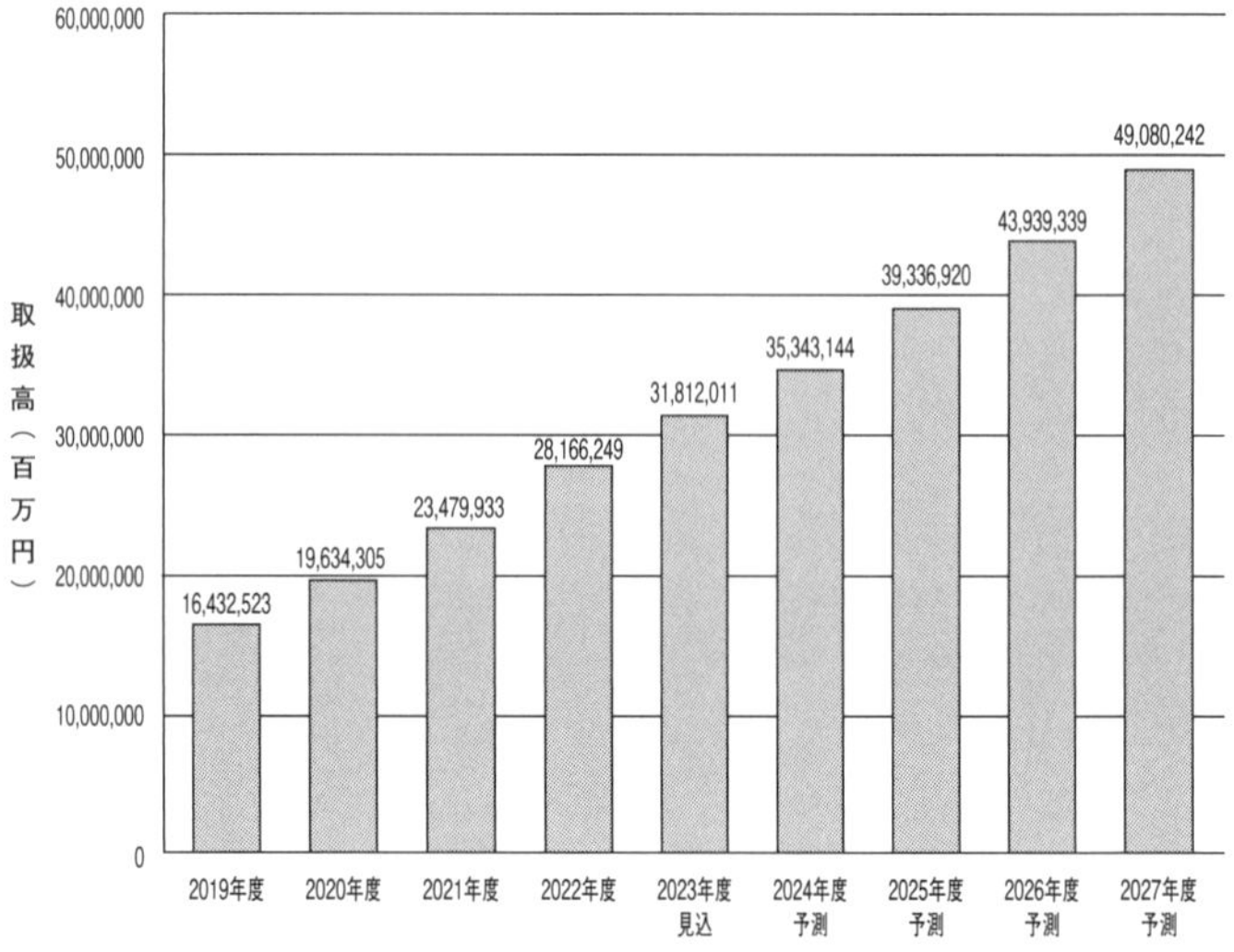

注：EC サイト等で発生する決済業務の代行サービスを提供する事業者の取扱高ベース
（これに後払いサービスを加えるとEC 市場規模はさらに３～５%増えると考えらえる）
出所：㈱矢野経済研究所「EC 決済サービス市場規模推移・予測」

つまり、多くの人はデパートやスーパーといった実店舗に足を運ばず、パソコンやスマホを使い、あらゆるものをＥＣで購入するようになっているのです。

そして、当たり前のことですが、ＥＣで購入したモノがネットを通じて一瞬で手元に届けられることはありません。ＥＣで購入されたモノは、基本的に「宅配便」を利用してエンドユーザーの元に届けられます。ですから、ＥＣ市場がますます成長する現代社会において、「宅配便」は電気・ガス・水道・インターネットに並ぶ「第５のインフラ」になっていると言えるでしょう。

宅配便ドライバーの「長時間労働」と「低賃金」

しかし、これほど重要なサービスを支えている「宅配便ドライバー」が世間で尊敬され、憧れの視線を向けられることはほとんどありません。「朝早くから夜遅くまで長時間働かなければならない」「とてもきつい仕事なのに収入は低い」と多くの人が思っています。

このネガティブなイメージが、宅配便ドライバーの不足という現実に繋がっているのでしょう。そして不足するドライバーとは反対に、配送すべき荷物はますます増加し、宅配便という日本が誇るサービスは崩壊しかかっているのです。

残念ながら、この宅配便ドライバーの「長時間労働」と「低賃金」というイメージは、データからも裏付けられています。厚生労働省「賃金構造基本統計調査」によると、2016年の日本の「全産業」の平均労働時間は2124時間でした。その一方、大型トラックや中・小型トラックドライバーの平均労働時間は、それぞれ2604時間と2484時間であり、2割ほど長いことが明らかになっています。

また、年間賃金についても「全産業」の平均が490万円であるのに対し、大型トラックドライバーと中・小型トラックドライバーはそれぞれ447万円、399万円となっており、1割～2割低いのです。

このように一般的な産業よりも労働時間が長く、賃金の低い業界に人気が集まることはないでしょう。ラストワンマイル業界の人手不足は、まずこの根本的な問題にメスを入れなければならないのです。

【年間労働時間の推移】（厚生労働省「賃金構造基本統計調査」）

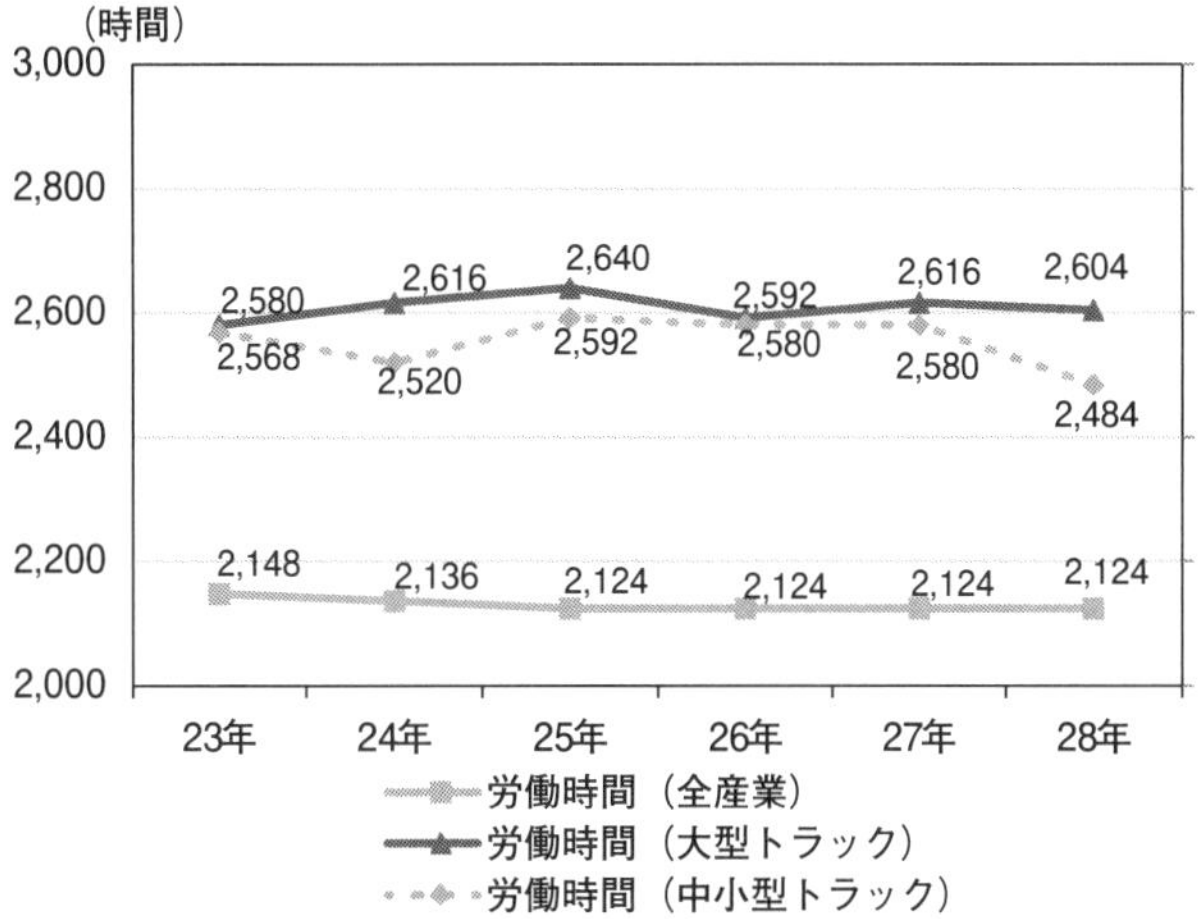

【年間所得額の推移】（厚生労働省「賃金構造基本統計調査」）

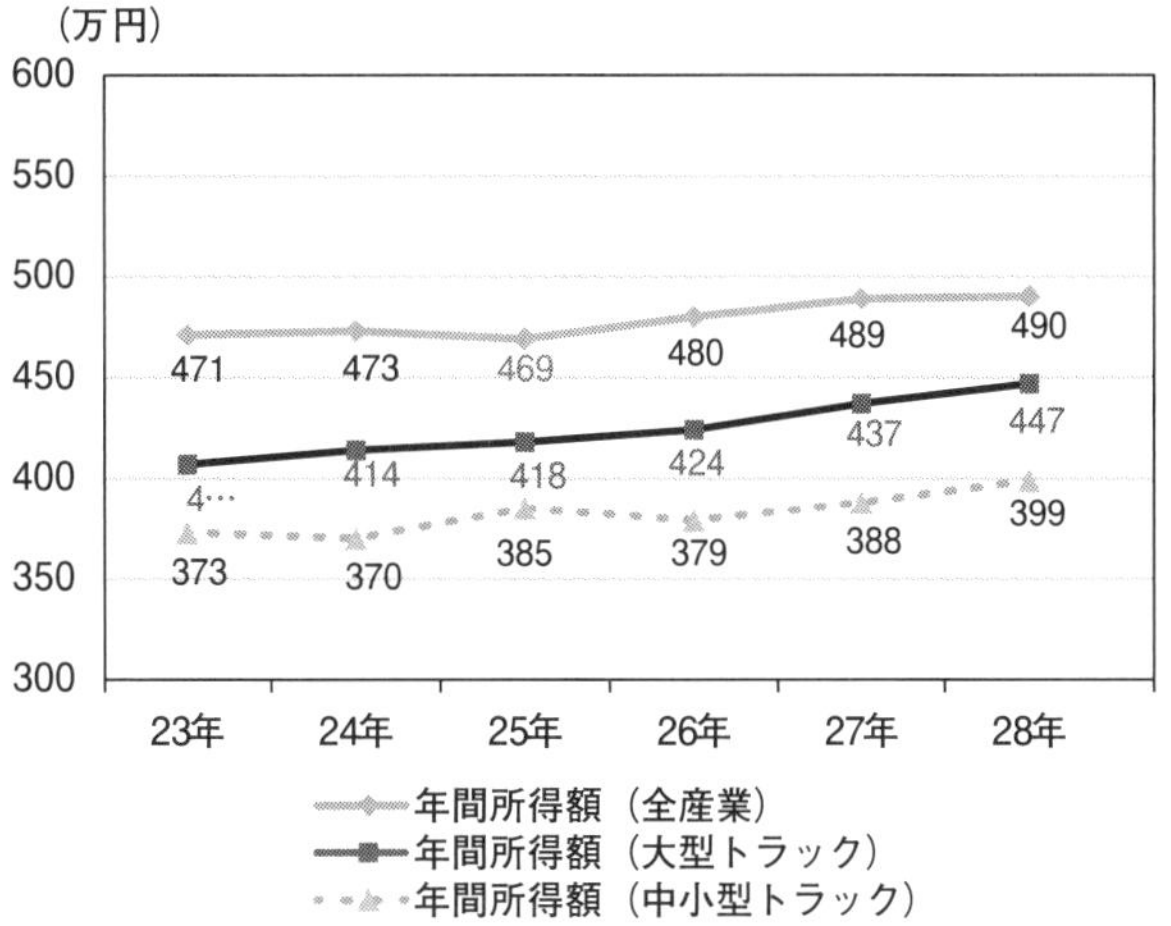

04

夜逃げ・未入金・入金遅れが当たり前

増え始めた運送業の倒産件数

東京商工リサーチの調査によると、２０２０年度における運送会社の倒産件数は１６１件と過去20年で最低でした。これは、新型コロナの発生に伴う各種援助・救済制度のおかげであると分析されています。

しかし、ロシアによるウクライナ侵攻から始まったガソリン価格の急騰などにより、２０２１年度は１６９件、２０２２年度は２４８件、２０２３年度は３２８件と倒産件数は急増しました。これは「運送業」という業界全体に体力がないことの象徴でしょう。多重下請け構造によってギリギリまで利益が削られているので、経済環境の急激な変化に対してひとたまりもないのです。（参考：https://www.tsr-net.co.jp/data/1118273_1527.html）

そして、そんなギリギリの経営状態が続いているからこそ、業界全体が「夜逃げ」「未入金」「入金遅れ」が発生することもあります。これは飲食業界から運送業界に参入した私にとって、非常に驚くべき事態でした。

宅配ドライバーの実態

たとえば、次のような事例を経験しました。

当社が知っている運送会社が、ある日突然、音信不通になってしまったのです。そして、その会社は大手宅配会社から配送費を受け取っていたにもかかわらず、宅配ドライバーに配送費を支払っていないことが判明しました。

問い合わせを受けて、当社から大手宅配会社に連絡しましたが、やはり「もう配送費は支払っていますよ……?」という回答でした。その結果、当社が宅配ドライバーに配送費を立て替えて支払ったのです。

また、とある会社は「締め日から2か月後の月末払い」という約束にもかかわらず、毎回、期日どおりに支払いを行なってくれませんでした。当社の担当者が毎日電話で催促を続けた末、ようやく翌月10日ごろに振込が行われるという状況が半年も続いたのです。

宅配ドライバーはただでさえ低賃金なのに、運送会社から「夜逃げ」「未入金」「入金遅れ」などされたら、到底生活が成り立たないでしょう。

しかし、こんな他の業界から見れば非常識なことが、運送業界では発生することがあります。ちなみに当社は創業以来、一度も「未入金」「入金遅れ」はありません。

しかし、これも個々の運送会社を責めるだけでは改善されないでしょう。「多重下請け構造」をはじめとする運送業界の古い仕組みを改革することでのみ、解決できる問題だと思います。

業界全体の当たり前が変わらない以上、宅配ドライバーの苦しみはいつまでも終わらないのです。

05

宅配ドライバーを苦しめる「多重下請け構造」

２０２４年に入ってから、「春闘の賃上げ率5％台続出」といった景気のよい話がマスコミで報道されるようになりました。２０２４年3月22日の朝日新聞記事によれば、春闘の賃上げ率が5％台になるのはバブル景気の１９９１年以来、33年ぶりとのことです。

また、初任給も続々と引き上げられており、30万円を超える企業が続出して話題になりました。実際に初任給が30万円を超えた企業として、次のような企業が報道されています。

東京エレクトロン株式会社（半導体）
ファーストリテイリング株式会社（ユニクロ）
株式会社カプコン（ゲームメーカー）
MIXI株式会社（SNS）
sansan株式会社（DXサービス）

ところが、宅配ドライバーの収入が増えた、運送会社の初任給が高くなった、という話はまったく聞こえてきません。聞こえてくるのは2024年問題による残業規制で収入が激減する、ガソリン代の高騰が長引き経営は厳しくなる一方、といった悲鳴ばかりです。

食料品や電気・ガス・水道など、あらゆるものが値上がりしている昨今、これではますます宅配ドライバー志望者は減り、むしろ他業界への転職が増えるでしょう。

6次下請け、7次下請けが当たり前

このように宅配ドライバーや運送会社の収入が増えない原因は、6次下請け、7次下請けといった「多重下請け」が当たり前という運送業界の構造にあります。下請けの下部に行くほど運送費を削られていて、運送費の値上げなど言い出すことすらできないのです。

これほどの多重下請けがまかり通っているのは、他業界の人にとっては信じられないことでしょう。さまざまな要因で下請け会社の存在が欠かせない建設業界では、2009年に日本建設業連合会が「下請けは原則3次以内」という基本方針を出しています。さらに２０１４年には２次以内を目指す、としているほどだからです。

多重下請け構造には、「下請けの下層に行くほど利益が減らされ、結果としてサービス品質が低くなることが多い」「事故などが起きたときの責任の所在が曖昧になり、再発防止が難しくなる」といった問題があります。

そのため、さまざまな業界は多重下請け構造を問題視し、解消に努めてきたわけです。しかし、運送業界はいまだに多重下請けに頼り切っていて、改善の兆しも見えません。じつは、そこには多重下請け構造に頼らなければ宅配ドライバー不足に対応できないという、苦しい事情があるのです。

多重下請けは業界特有の因習

たとえば、ある運送会社が荷主から仕事を引き受けたにもかかわらず、たまたま自社に宅配ドライバーがいなかったとしましょう。そうすると、その運送会社（元請）は荷主が支払った運送費から自社の利益（運送費の10～15％程度）を差し引いて、別

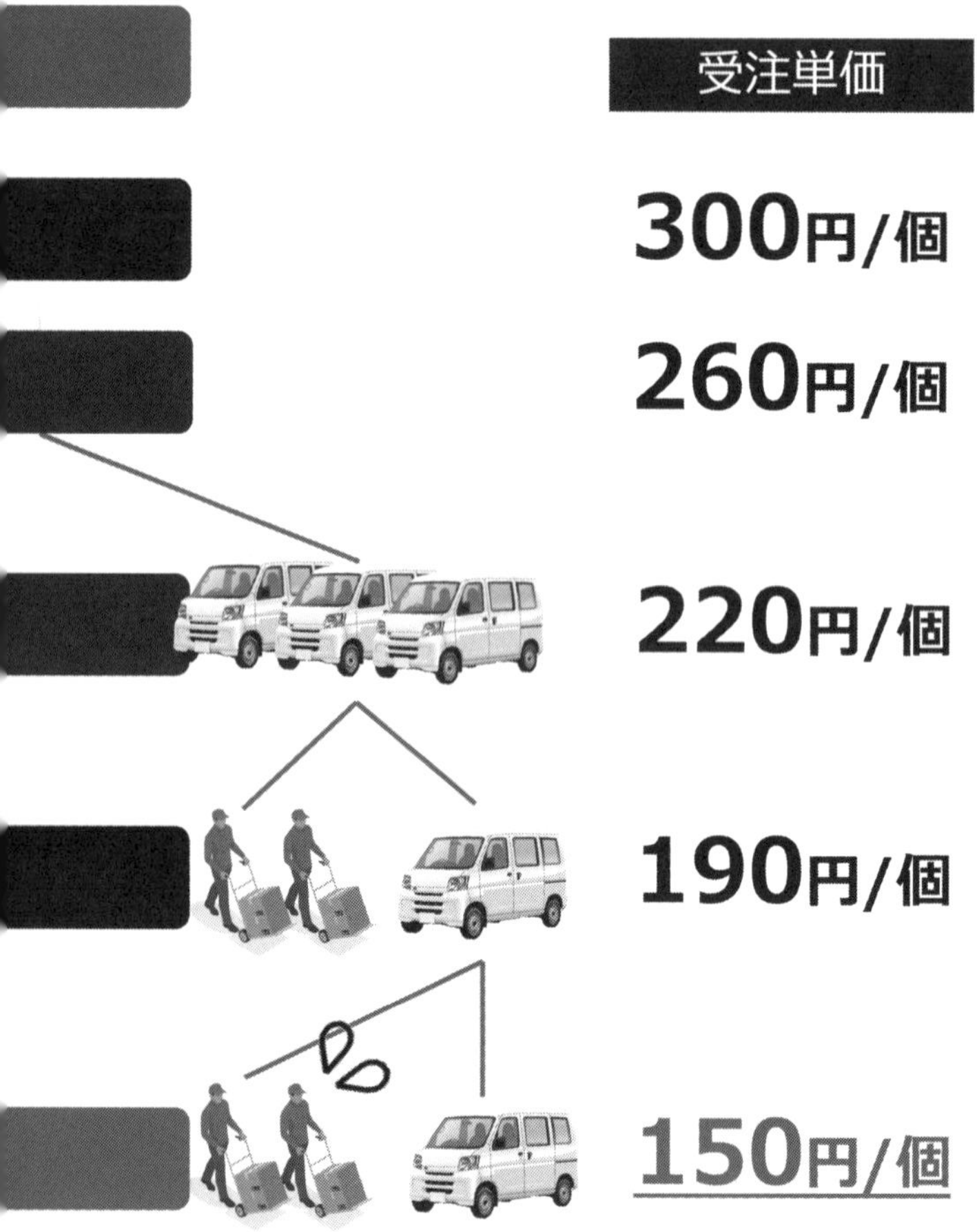
受注単価
300円/個
260円/個
220円/個
190円/個
150円/個

多重下請け構造

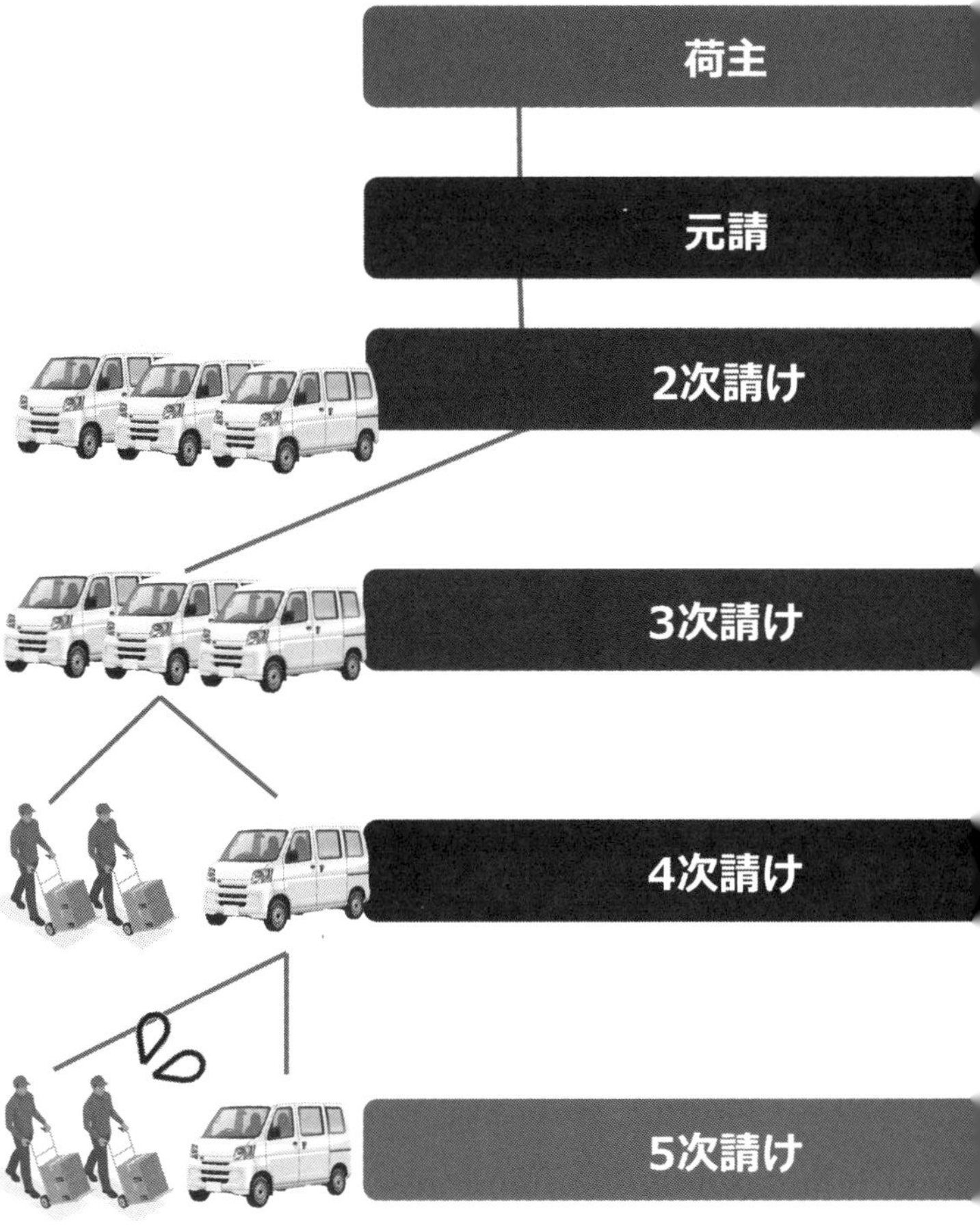

の運送会社に依頼するのです。

ところが、別の運送会社（1次下請け）も宅配ドライバーがいるとは限りません。すると、この会社も自社の利益を元請と同じように差し引いて、別の運送会社に依頼するのです。これが繰り返され、私が知る範囲でも7次下請けの案件が多数存在しています。

なぜこのようなことが日常的に発生するかというと、元請企業は一次下請けの運送会社に案件を依頼する際、その会社にその案件を実施できる能力（＝宅配ドライバーを確保しているかどうか）を考えておらず、単に「昔からのつながりだから」といった人間関係・慣習で依頼していることも多いと考えられます。

元請け2万円が7次下請けでは1万円以下に

このような多重下請け構造で被害を受けるのは、下請けの最下部で実際に荷物を運ぶ宅配ドライバーです。荷主が元請の運送会社に依頼した段階では「日給2万円」だった案件が、7次下請けの宅配ドライバーに支払われるのは「日給1万円以下」ということになるのです。

そんな下請け末端の宅配ドライバーの場合、早朝から深夜まで働いて、月に25日出勤しても、手取りの月収が20万円以下ということは珍しくありません。

当然、こうしたブラックな運送会社に人がいつくことはありませんから、ますます人手不足は深刻になります。そして、その後も7次下請けまで仕事を回さなければ宅配ドライバーが見つからない、結果として宅配ドライバーの収入は増えず、人手不足がいつまでも続く……という悪循環が生まれるのです。

他業界のように働く人の賃上げが進み、収入が増えない運送業界を変えるには、この「多重下請け構造」を変えなければなりません。

06

宅配ドライバーの悲惨な待遇

２０２３年5月、アメリカでＡｍａｚｏｎの宅配ドライバーが集団訴訟を起こしたというニュースがビジネス誌『フォーブス』で報道されていました。訴訟内容は「厳しいスケジュールを守るため配送中にトイレを探すことができず、宅配ドライバーはペットボトルなどへの排泄を強制されている。この過酷な労働条件は法律に違反している」というものです。（参照　https://forbesjapan.com/articles/detail/63427）

実際、訴えられたＡｍａｚｏｎの配送センターのゴミ箱にはドライバーが持ち込んだ尿入りのペットボトルが溢れている……ということですから、信憑性は高いと思われます。このような非人道的な待遇が行われているのは、やはり宅配ドライバーの社会的地位が低いせいでしょう。

増えるカスタマーハラスメント

日本の宅配ドライバーも、宅配便という社会に欠かせないサービスを支えているにもかかわらず、理不尽な扱いを受けています。特に問題なのは配送先による暴言やクレームです。

たとえば、荷物を宅配ボックスに規定どおり配達したにもかかわらず、「ポストに入れた配達伝票の角度が気に入らない」という理由で、宅配ドライバーを責め立てたエンドユーザーがいました。

このお客様は「俺が金を払って発注している」「お前らの配送代も俺が払っている」とクレームをつけ、「個人情報保護法に抵触するだろう」といったことも言いたてていました。

後日、マンションの監視カメラを確認して宅配ドライバーに落ち度がなかったことを確認したところ、宅配便に対してクレームをつければ商品代を取り戻せると考えていた常習犯だということがわかり、この問題は解決しました。

また、法人に対する配達であっても、「忙しい時間に来やがって！」「こんな荷物頼んでないぞ！」と理不尽な言葉をぶつけられることがあります。これも後から、別の担当者が時間指定して依頼してきた荷物だった……というものでした。

もちろん、なかには階段のない集合住宅にお住まいの高齢者の方に、「届けてくださってありがとうございました」と涙ながらに感謝されるような事例もあります。「運んできてくれてありがとう！」と、配達したエナジードリンクの中から一本抜き取り、ドライバーにプレゼントしてくれたお客様もいらっしゃいました。このようなことがあると、疲れも吹き飛びます。

だからこそ、私はこの仕事の重要性や素晴らしさをもっと広め、収入的にもステータス的にも優れた人材を引きつけるものにしたいと考えています。

07

いつまでも解消されない人手不足

人口減少　慢性化している人手不足

最近、ファミレスに入ると店員さんが本当に減っていることに驚かされます。たとえば客席数が１００以上あるお店でも、ホールにいる店員さんは２～３名程度。おそらく人手不足が顕著な昨今、アルバイトの採用も難しいのでしょう。

その代わり、少人数でお客様の対応をするためにセルフレジや配膳ロボットを導入するなど、さまざまな工夫がなされています。また女性や高齢者の活躍も顕著です。先日利用したファストフード店では、60代～70代の店員さんたちが元気に接客し、働いておられました。

このような人手不足の根本的な原因は、日本の人口減少でしょう。日本の人口は２００８年の１億２８０８万人が最大で、２０２４年には1億２３０９万人になりました。そして国立社会保障・人口問題研究所の推計によると、我が国の人口は２０４８年に９９１３万人と1億人を割り込むと予測されています。

毎年生まれる子どもの数も２０２３年には75万人と、すでに１９７３年の第二次ベビーブームの209万人の3分の1近くになっていますから、今後もこの傾向が変わることはないでしょう。

さて、このような人口減少はあらゆる業界共通の課題であり、それぞれ技術革新や女性・高齢者の活用によって乗り切ろうとしています。しかし、宅配便サービスの人手不足は、いつまでも解消されないかもしれません。

なぜなら、働き盛りの男性ドライバーの不足は、飲食業界のようにセルフレジや配膳ロボットの導入、女性や高齢者の活躍といった手段で補うことが難しいからです。

それぞれ、現状をご説明しましょう。

宅配ドライバーに代わるロボットやドローンの実現は遠い

まず、宅配便におけるセルフレジや配膳ロボットにあたるものといえば、ドローン配送をイメージされる方も多いでしょう。しかし、ドローンによる宅配便の配達が実現するのはかなり未来だと思われます。

ドローン配送の実現が難しい理由はいくつかあります。まず大きいのが、法律面の障害です。現在、荷物を運べるようなドローンを街中で飛ばすことは、基本的に許可されていません。またドローンを飛ばすためには、難しい国家資格を取得する必要があります。

また、技術的にも宅配便で運んでいる飲料水のような重量物を、安全に運べる実用的なドローンはまだ開発されていません。サイズが大きな品物を運ぶこともまだまだ難しいでしょう。

さらに、二本足で移動するロボットも開発されていますが、大きくて重い荷物を持って階段を登り、各家庭に届けるような高度なロボットが普及するのは、やはりまだまだ先のことです。

そして、これは宅配ドライバーの体験がなければ実感しにくいのですが、特に日本の市街地には非常に細く、迷路のような道路が存在します。

そのような車1台通るのがやっと……というような道路を自動運転し、荷物を確実に届けるような技術はまだまだ困難です。飲食店の配膳と宅配便は根本的に異なるのです。

高齢者や女性が活躍できる場は少ない

日本では、宅配便の業務用車両に対しても容赦なく駐車禁止違反の処罰が下されます。そのため、宅配ドライバーは常に駐禁キップに怯えながら、小走りで荷物を抱えて配達しています。

これはエレベーターのない集合住宅の場合、階段を駆け上り、また駆け降りることを意味しています。

しかも、配達する荷物には20kg以上の重量物などもありますから、女性や高齢者が運ぶのは困難です。一般的な宅配便において、高齢者や女性が活躍できる場はかなり限定的と言えるでしょう。

期待される女性ドライバー、高齢者ドライバーの活用

このように、現在の宅配便業界の人手不足がロボットやドローン、女性や高齢者に

よって解消される見込みはありません。しかし、宅配便の仕事内容そのものを見直すことで、解決できる可能性はあります。

実際に、私が経営するＢＬＵＥ　ＢＡＴＯＮでは、２０２４年４月１日から女性ドライバーの稼働がスタートし、さらに30～50代の女性ドライバー３名が２０２４年６月１日から働き始めました。

このように女性や高齢者でも働くことを可能にした方法は、第４章の「宅配ドライバーは女性も働きやすい仕事になる」にくわしく記載しています。

08

運送業界は本当に古いビジネスなのか

最近はすっかり見かけなくなりましたが、昔は「御用聞き」と呼ばれる商習慣がありました。酒屋さんなどが一軒一軒お得意様の家庭を回り、お酒やお米、醤油などの注文をとって配達してくれたのです。

現代の「御用聞き」は、Ａｍａｚｏｎ定期便（指定した商品を定期的に届けてくれるサービス）かもしれません。他にもさまざまなネットスーパーを使えば、家庭で必要な食材はすべて届けてもらえます。

このように、さまざまなビジネスモデルは時代と共に変化し、新しいものに切り替わっていくものですが、残念ながら運送業界にはかなり古い体質が残っています。それが結果として業界全体の効率化を阻み、働く人の長時間労働と低収入の原因になっているように思います。

いまだに電話・ＦＡＸが中心の運送業界

運送業界の古い体質の代表とも言えるのが、ＩＴ機器・技術が使われていないことです。たとえば、ある会社は配送を依頼する際に未だに紙の伝票を使っています。また、配送会社同士の仕事の依頼は、ＦＡＸが使われることもあります。

そしてＦＡＸを使っていない当社に依頼する場合、なんと先方からは手書きのＦＡＸをスマホのカメラで撮影し、その画像をＬＩＮＥで送ってくる……という発注方法がとられるのです！

これには正直なところ、大変参っています。たびたび、「この部分が読めない！」というトラブルが起きるので、せめてパソコンで定型フォームにテキスト入力し、それを電子メールで送ってほしいと思うのですが……運送業界で電子メールはあまり使われていません。

ＦＡＸに続く連絡手段として多いのは「電話」です。まるでドラマで見る昭和の会社のように思われるかもしれませんが、それが運送業界の現実です。最もＩＴ機器・技術を使いこなしている会社ですら、ＬＩＮＥにテキストで依頼内容を書いてくるというレベルなのです。

そのため、当社のシフト管理責任者のもとには、1日に50件以上も荷主や運送会社からの電話がかかってきます。彼はその依頼内容を整理し、契約ドライバーが閲覧するＬＩＮＥに投稿して、希望者からの連絡をもとにシフトを組んでいます。

当社としては案件の受注とシフト作成はすべて自動化したいところですが、運送業界の連絡手段の基本がＦＡＸと電話である以上、完全に切り捨てるわけにもいかないのです。

ただ、当社の売上のうち、ＦＡＸや電話で受けている案件によるものは２割以下です。残りの８割は後述する「共同配送」「Ｄ to Ｃ」という新しいビジネスモデルによる定期案件等のため、シフトを固定しやすく、専用アプリでの連絡も活用しています。

運送業界全体で、このようなＩＴ機器・技術の活用が進めば、連絡ミスなどのトラブルも減り、働く人の負担も減るでしょう。「長時間労働」「低賃金」に並んで、改革すべきポイントだと私は考えています。

ちなみに、本書を作成する過程で出版業界でも同じようなことをしているという話を聞きました。街の書店から出版社への本の注文は、未だにＦＡＸと電話が中心なのだそうです。

たとえば、ある出版社の場合、書店から電話で注文が入ると、その電話を受けた人がメモをとります。そして、そのメモを社内の専用ノートに転記し、ある程度まとまったら、本を保管している物流倉庫にそのノートをコピーして、ＦＡＸで発送の依頼をしているといいます。

出版社の方も「業界で統一フォームを作り、ネットで注文できるようにすればいいいと思うのですが……」と話してくれましたが、運送業界以外にも古い商慣習が残っている業界があることに驚かされました。

第2章

「共同配送」と「DtoC」で2024年問題を乗り越える

09

「2024年問題」で始まる物流の大混乱

２０２３年7月3日の産経新聞に、中古車を搬送していたトラックドライバーが過労死した痛ましい事件が掲載されていました。52歳の働き盛りの方が運転中に心筋梗塞となり、搬送先の病院で亡くなられたのです。

この方は亡くなる直前の半年間、平均で月１６０時間もの残業をしていました。亡くなる前日も朝8時半近くから22時半過ぎまで働き、それから1時間半後には事故当日の勤務を始めたと記録に残っていたそうです。

残業は「年間960時間」まで

こうした長時間労働によって引き起こされる悲劇をなくすため、5年間猶予されていた「働き方改革関連法」の物流業界への適用が２０２４年4月に始まりました。今後は物流業界においても残業は「年間９６０時間」に制限されます。

これを1か月あたりにすれば、およそ残業時間の上限は80時間ということになります。先ほど亡くなられた方は、この倍の月１６０時間の残業をされていたわけですから、今後は過労死するような働き方は許されなくなるということです。

すでに、このような残業時間に対する指導は始まっています。2024年1月26日には宅配便大手のヤマト運輸に対して、過労運転につながる長時間の荷待ちをトラックドライバーに強制した疑いがあるとして、国土交通省が是正を勧告しました。

「翌日配送」はトラックドライバーの長時間労働のおかげ

しかし、ある意味で物流業界はドライバーの過労死するような働き方に支えられていた側面があります。たとえば、長距離輸送トラックの残業時間が減らされることにより、現状の「翌日配送」は不可能になる可能性があります。なぜなら、長距離便の「翌日配送」とは、夜間にトラックを走らせて配達先の近くで長時間待機し、朝になったらエンドユーザーに荷物を届けるというものだからです。

高速道路のサービスエリアの出入り口、幹線道路の路肩などに路上駐車している大型トラックを邪魔に思う方は多いと思いますが、さまざまな荷物が翌日届けられているのは、トラックドライバーの長時間残業のおかげだったのです。

限界状態のラストワンマイル

2024年4月以降、残業時間に上限が設けられることにより、長時間の待機は難しくなります。その結果、長距離便の翌日配送は難しくなるでしょう。東北から大阪などの長距離輸送には、2日~3日はかかるようになる可能性があります。

このような長距離輸送の遅れは、近い将来コンビニやスーパーの棚に欠品が増えるなど、一般の消費者にも影響を与えるかもしれません。2024年年始に発生した能登半島沖地震で発生したような物流の混乱が、日常的になってしまうかもしれません。

また、ラストワンマイル（宅配便）にも大きな影響が予測されます。現在、宅配ドライバーの1日あたりの配送件数は当社の場合200~300個ほどですが、この大量の荷物は宅配ドライバーの長時間残業でなんとか1日のうちに配り終えています。したがって、残業時間が制限されれば当日に配送しきれず、翌日に持ち越される荷物が増えていくでしょう。そうなると、宅配便の営業所には持ち越しになった荷物が玉突き式に積み上がる可能性があります。このまま手をこまねいていれば、現在は高い利便性を誇るECや宅配便も、不便なものになってしまうかもしれないのです。

10

待ったなし！
全国80万人ドライバーの
働き方改革

2024年4月以降、運送業における残業が規制された場合は全国の物流に大きな混乱が予想されるわけですが、それでも物流業界としては対応せざるを得ません。なぜなら、この残業規制を破れば労働基準法違反として「6か月以下の懲役もしくは30万円以下の罰金」という罰則が科せられる可能性があるからです。

他業種にもアプローチしているアマゾンの宅配

というわけで、全国でおよそ80万人（うちラストワンマイルにかかわる宅配ドライバーは約20万人）と言われているドライバーの働き方改革は急務であり、大手運送会社や宅配便会社はそれぞれ対応を始めています。

たとえば、Amazonの場合は「Amazonフレックス」「Amazon Hub デリバリーパートナープログラム」といった宅配パートナー制度を始めています。これは同社が配送する荷物を一般の運送会社へ依頼するのではなく、個人事業主や地域に店舗を構える中小企業のオーナーに配送を依頼する制度です。

特にユニークなのが「Amazon Hub デリバリーパートナープログラム」で

Amazon Hub デリバリーパートナープログラム

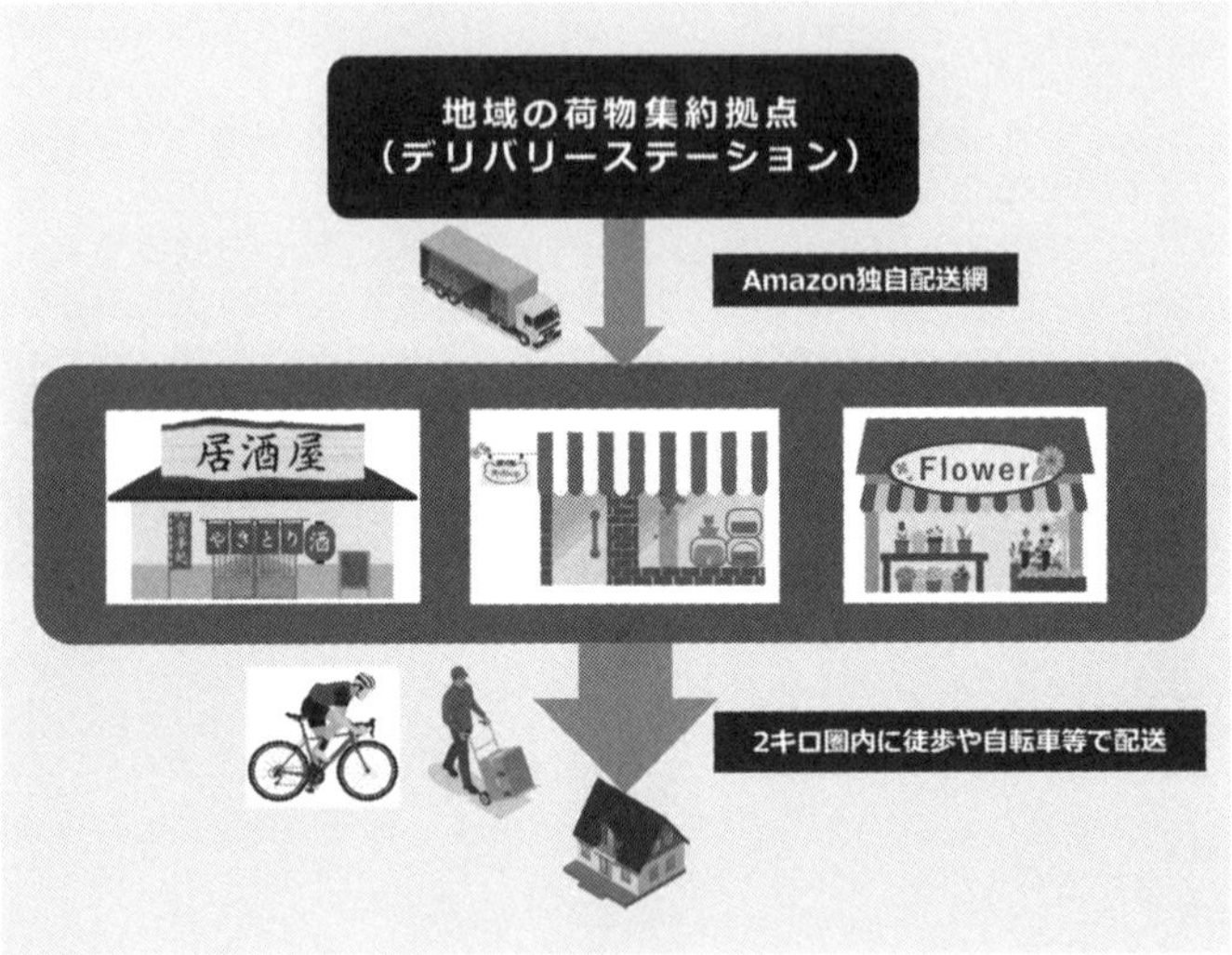

す。新聞配達店や写真館、生花店などのオーナーが店舗から２㎞圏内の配達を行うというもので、２０２３年12月に始まりました。

　つまり、Ａｍａｚｏｎは増え続ける荷物と残業規制への対応として、とにかくあの手この手で宅配の人員を増やす、という施策をとったのです。

ライバルの日本郵便と提携したヤマト運輸

一方、ヤマト運輸は宅配ドライバーとして契約していた3万人の個人事業主との契約を2024年度末までにすべて打ち切る方針を固めました。同時に、ヤマト運輸は「クロネコDM便」「ネコポス」といった軽量・薄型の荷物の配送は日本郵便に委託することを発表しています。

これはおそらく、ヤマト運輸が宅配便事業そのものを切り離し、日本郵便に譲渡する布石でしょう。なぜなら、日本郵便は全国に郵便局という拠点と職員を保有しており、ハガキや手紙の集配といった仕事がインターネットの浸透で激減しているなかで新しい仕事が必要だからです。

そして、ヤマト運輸は残業制限への対応が難しい宅配便よりも長距離便のビジネスに集中すると考えられます。

また、佐川急便はもともと宅配ドライバーの8割が業務委託ですから、基本的に2024年問題の残業規制を受けません。残業規制はあくまでも自社で雇用している社員にのみ適用されるものだからです。

佐川急便から業務委託を受けている運送会社は規制を受けるため、配送できる荷物の量は減りますが、さらに業務委託先の運送会社を増やすことで同社は対応するでしょう。

根本的な問題解決になっていない大手の対策

最後に、宅配便のラストワンマイルから離れますが、コンビニやスーパー、量販店などの品揃えに影響する長距離運送はどうなるでしょうか。

これに関しては近い将来、高速道路における自動運転が実用化され、ドライバーの負担はかなり軽減されるでしょう。また、それまでの期間についても、中継基地で長距離配送のドライバーやトラックの荷台を引き継ぐ「中継輸送」などの取り組みも始まっています。

しかし、これら大手企業の対応は根本的な問題の解決になっていないと考えています。そもそもドライバーの「長時間労働」に頼らない仕組みを構築し、宅配便ドライバーという職業をよりホワイトで魅力的なものにするべきでしょう。

こうして当社がスタートさせたのが、後述する「共同配送」と「Ｄ to Ｃ」というビジネスモデルです。これらは宅配便からドライバーの長時間労働を必要とする要素を取り除き、同時に労働時間短縮によるドライバーの収入低下という問題についても、「配送単価をアップさせる」という手段で解決しています。

11

国が推進する物流改革の方向性

ここまで2024年問題についてご紹介してきましたが、政府もこの問題を無視してきたわけではありません。2019年6月には国土交通省の「共同物流等の促進に向けた研究会」が次のような提言をしています。

❶物流におけるヨコの連携
❷物流におけるタテの連携
❸幹線輸送の改善
❹地域における持続可能な物流の確保

それぞれ簡単に解説すると、「**❶物流におけるヨコの連携**」とは、物流倉庫や車両（トラック）の稼働率（積載率）などを向上させるため、異業種を含む複数の荷主や物流業者が配送・保管などを共同で行うものです。

「**❷物流におけるタテの連携**」とは、長時間の荷待ち時間を削減するために、エンドユーザーや物流事業者が連携し、「配送時間に余裕を持たせる」「検品の簡素化」「配送物量の平準化」などを行うものです。

「**❸幹線輸送の改善**」とは、幹線輸送においてトラック・列車・船舶などを組み合わせる「モーダルシフト」や2つの荷台を繋いだ「ダブル連結トラック」の導入などにより、長距離輸送を効率化するものです。

「**❹地域における持続可能な物流の確保**」とは、地域の配送（ラストワンマイル）における物流事業者の連携や、バス・タクシーとの連携、買い物サービスなどとの連携を行うものです。

トラックの数を減らす方向に

ここで提言されている内容は、ドライバーの残業を規制する「2024年問題」だけでなく、「日本の人口減少」という長期的な問題も視野に入れています。トラックドライバーになりうる人口そのものが減る未来においては、今までより少ない人手で運用できる物流システムを構築しなければならないのです。

同時に、国土交通省は「2050年までにカーボン・ニュートラル（温室効果ガスの排出を全体としてゼロにする）を実現する」という目標を掲げています。そのためには物流業界から排出される二酸化炭素の量を減らさなければなりません。つまり、共同配送やモーダルシフトなどによって道路を走るトラックの数を減らし、二酸化炭素排出量の削減を狙っているのです。

フィジカルインターネット構想

ちなみに、ここでご紹介した共同配送について、国土交通省と経済産業省は「フィジカルインターネット」というさらに進化した構想を検討しています。これはインターネットが1本の占有回線ではなく、複数の回線を使って情報を伝達していることをヒントにした次世代物流システムです。

イメージとしては、A社が荷主から受け取った荷物をA社がエンドユーザーまで運ぶのではなく、すべての荷物は物流会社が共有するセンターに運ばれ、そこから最も効率のよいルートを使って荷物が運ばれていく仕組みです。

その際に使われるトラックは、A社のものとは限りません。その時に空いている車両が自動的にAIなどによって割り振られ、次の拠点まで荷物を運ぶのです。

いわば、すべての物流倉庫と運搬手段（トラック）を複数の企業でシェアして利用する仕組みと言えるでしょう。

ただ、この仕組みを実現するためには物流各社の倉庫や運搬手段の状況をリアルタイムに共有し、運ばれる

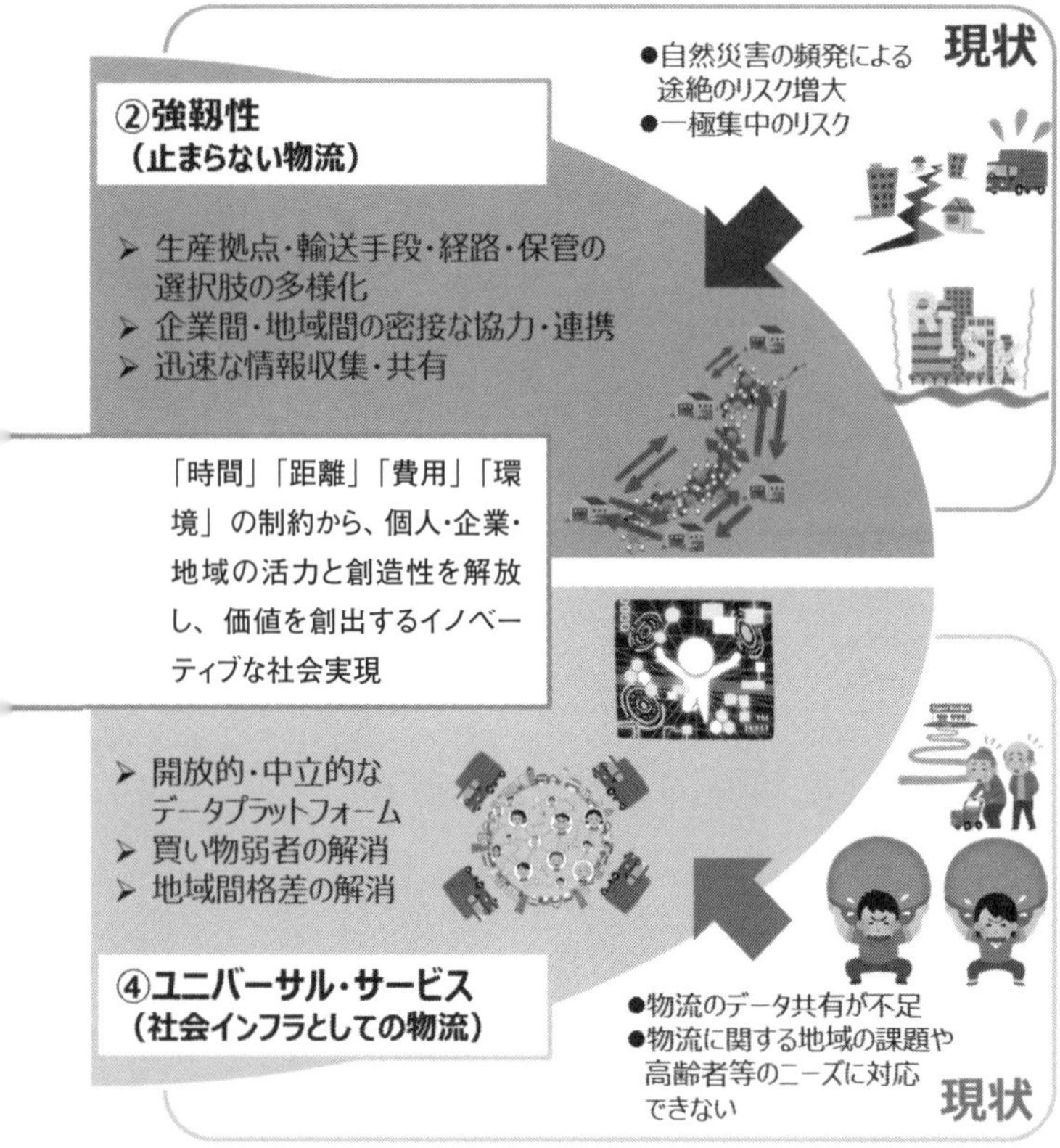

荷物の荷姿や管理方法も統一する必要があります。実現すれば大幅に物流システムの効率は向上すると見込まれていますが、実現までには相当な時間がかかると見られています。

フィジカルインターネットが実現する価値

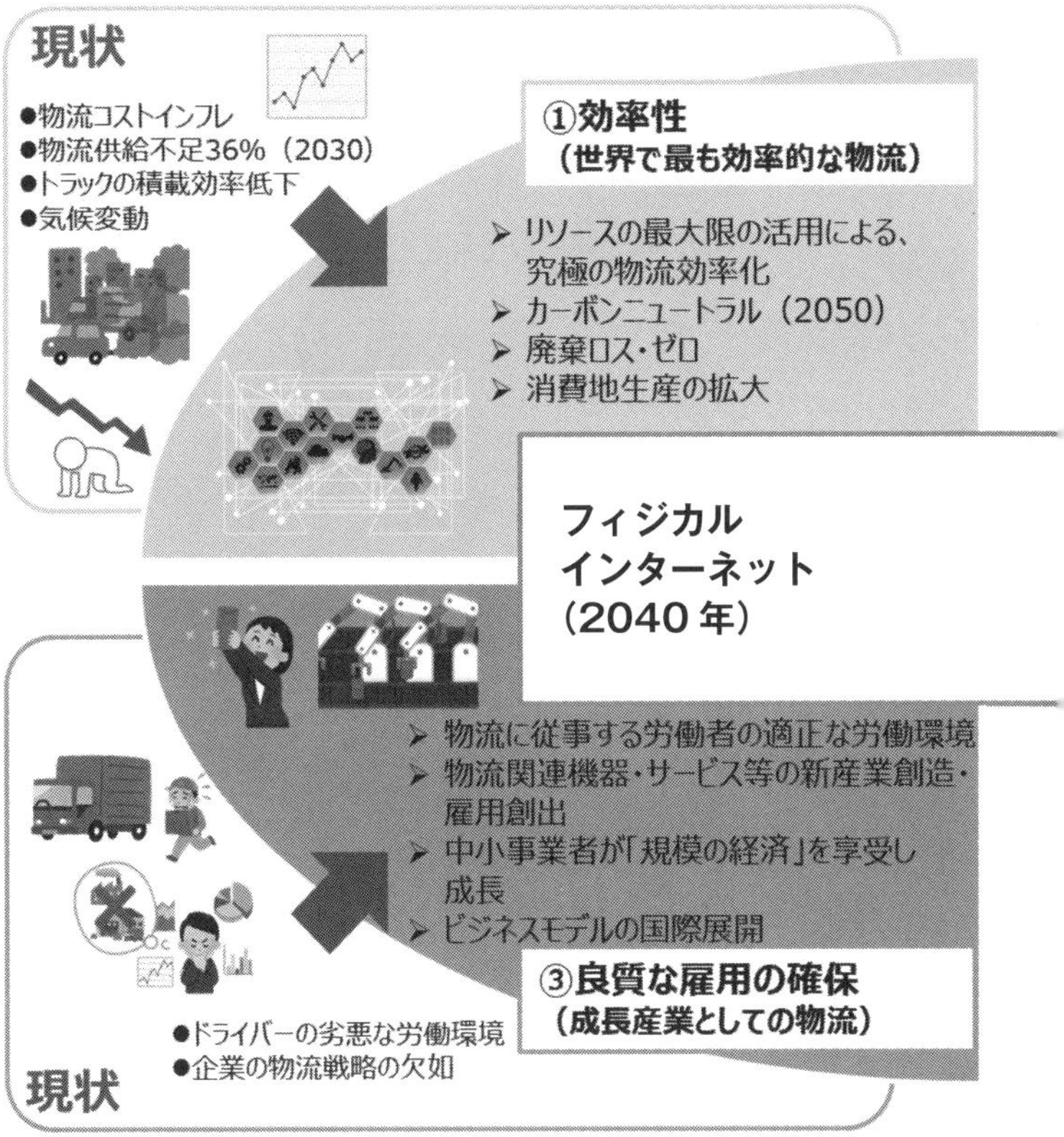

出典：「フィジカルインターネット・ロードマップ」2022年３月フィジカルインターネット実現会議

12

ラストワンマイルの共同配送で「三方良し」を実現

戦国時代に活躍した武将、毛利元就には「三本の矢」というエピソードがあります。老齢となり死を覚悟した元就は、あるとき三人の息子を病床に呼び寄せ、それぞれに1本ずつ矢を持たせて「その矢を折ってみよ」と命じました。

1本だけの矢を、三人の息子は簡単に折ることができました。次に元就は3本の矢をそれぞれに持たせ、「折ってみよ」と言いました。すると今度は、三人ともいくら力を入れても折ることができなかったのです。

それを見た元就はゆっくりとうなずきました。そして、「このように1本では折れてしまう矢でも3本集まれば折ることはできなくなる。お前たち三人も力をあわせ、毛利家を盛り立ててくれ」と言い残したのです。

すべてにメリットが大きい共同配送

物流業界で国が進めている「共同配送」も同じような効果があります。荷主となる3社が別々に運送会社に依頼した場合、トラックも3台、ドライバーも三人必要になります。そして運賃も3社分必要になるわけです。

しかし、もし荷主となる3社が手を組んで、ある運送会社に共同で配送してもらうようにしたらどうなるでしょうか？　トラックは1台、ドライバーも1台で済みますし、運賃を3社で分担するので劇的に負担を減らすことができるでしょう。

この仕組みには、運送会社や宅配ドライバーにとっても大きなメリットがあります。これまでは1社分の運賃しかもらえなかったのに、極論すれば3社分の運賃をもらえるようになるからです。

じつは「共同配送」という仕組みは、すでに大手配送会社による「長距離輸送」の分野ではかなり導入が進んでいます。しかし、ラストワンマイル（宅配便）の分野での共同配送は緒についたばかりです。

そんな中、当社では比較的ニッチな分野で共同配送に取り組むことを検討しています。

具体的な仕組みは85ページの図のとおりです。

これまで店舗に商品を卸していた荷主は、それぞれの運賃を負担しています。それが5社で共同配送を行うことによって、運賃負担を1社あたり半分にすることができる可能性があるのです。

それにもかかわらず、運送会社と宅配ドライバーは5社分の運賃を受け取ることができますから、従来よりも運賃を得ることができます。

なおかつ、このラストワンマイル（宅配便）は一般的な宅配便のように1日200～300個の荷物を不特定多数のエンドユーザーに配達する仕事ではありません。特定の配送先を順番にまわるルート配送ですから、無理な残業をする必要がなく、8時～19時という常識的な労働時間内で配送を完了できるのです。

エンドユーザーにもメリット

共同配送にはエンドユーザーもありがたい一面があります。皆さんも複数の宅配便会社が1日に何度も配達に来て、イラだった経験はないでしょうか？

共同配送であれば複数の商品が1回にまとめて配送されるので、このような面倒から解放されます。同時に、荷主の運賃負担が減ることから、送料の負担が軽減されることも期待できるでしょう。

まとめると、共同配送によって、荷主・運送会社（宅配便ドライバー）・エンドユーザーの「三方良し」が実現するのです。

❶荷主のメリット：運賃負担が減る
❷運送会社（宅配ドライバー）：売上が増え、長時間労働から解放される
❸エンドユーザー：荷物を一度に受け取れ、送料の負担が軽減される可能性がある

このように多くのメリットのある共同配送を推進することで、働き方改革に伴う輸送能力の大幅な低下・荷物の遅延を避けることができます。また、国が推進するＳＤＧｓが目指す温室効果ガス排出量の低減も実現できますから、これこそラストワンマイルにおけるさまざまな課題を解決する最高の方法の一つであると言えます。

2030年物流クライシス(人手不足)に対するソリューション

1ドライバーで5社分を配送する共同配送

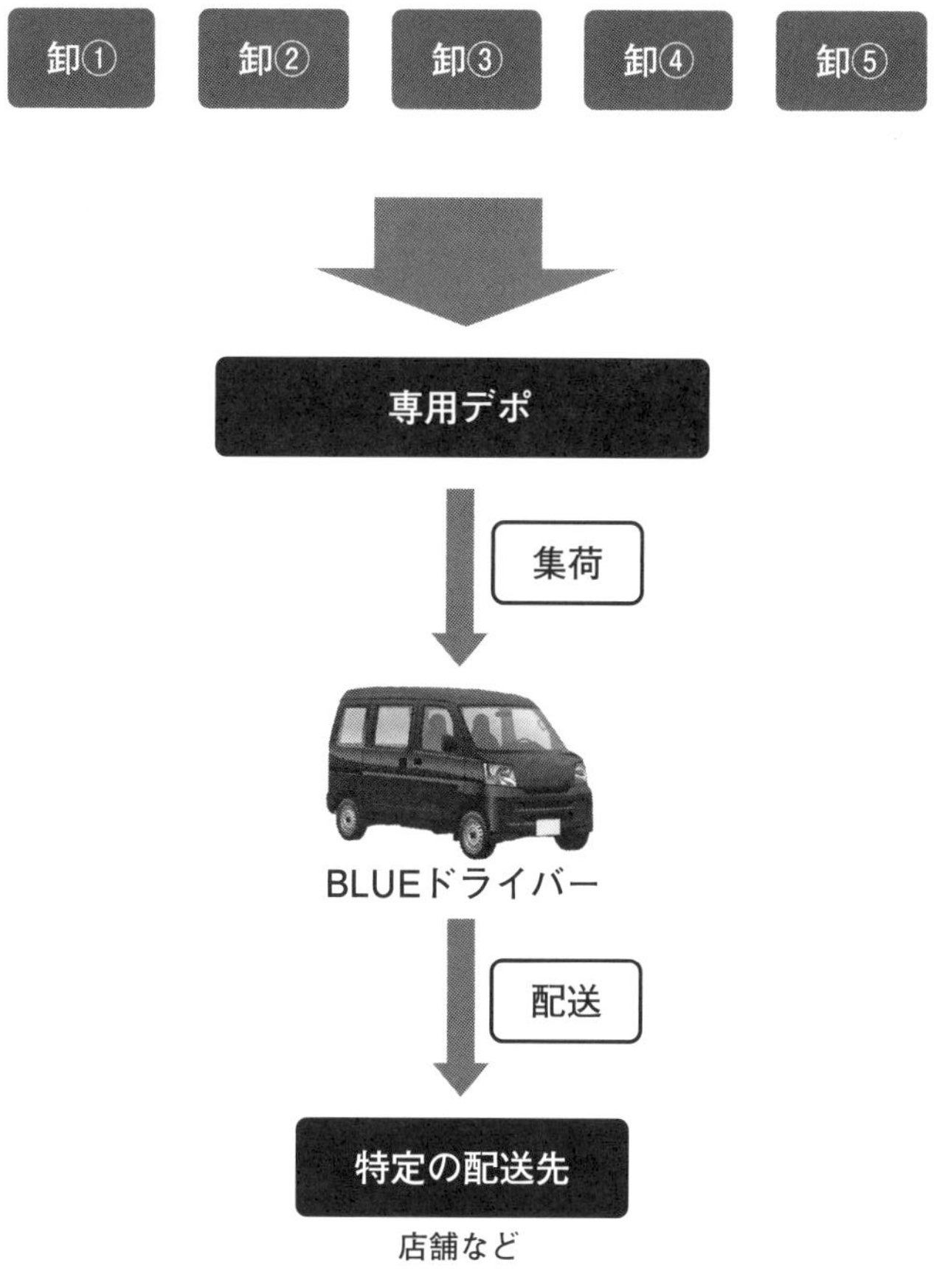

13

ＩＴとＡＩを活用した「共同配送の発展形」

前項でご紹介した共同配送については、さらに発展する余地があります。共同配送を行うことでメリットを享受できるのは、薬の卸売会社だけではなく、ほとんどすべての業界の企業だからです。

ＩＴ企業と提携

そこで最近、当社はこの共同配送システムを構築しているＩＴ企業と業務提携を検討しています。この提携を推進する背景には、ＩＴ企業側では「システムはあるものの宅配ドライバーが足りない」という事情があると考えられます。

一方、当社にも「共同配送システムの構築には巨額の資金が必要になる」という課題があったのです。

そこで、共同配送システムを持つＩＴ企業と、３５０名以上の宅配ドライバーと契約している当社が提携することで、さまざまな顧客が共同配送に参加することが可能になります。

多種多様な業種への横展開

じつは、さまざまな業界をまたいだ共同配送を実現するには、顧客ごとに異なる受注システムからの情報を受け入れ、それを整理して宅配ドライバーに割り振るためのシステム構築やアプリの開発に莫大な投資が必要でした。そのため中小企業の多いラストワンマイルに携わる運送会社では、実現が難しかったのです。

しかし、今後は当社が提携した共同配送システムを利用するだけでよいので、さまざまな業界や運送会社が共同配送に参加できるようになるでしょう。たとえば、医薬品だけでなく医療機器メーカー、工事部品メーカーやアパレルメーカーなどの共同配送が考えられます。

同時に、倉庫会社にとっても共同配送は大きなメリットがあります。たとえば、さまざまな企業が同じ倉庫で商品を保管し、注文が入るたびにそこから宅配ドライバーが共同配送を行う、という仕組みが考えられます。

新たな共同配送モデルの出現

こうして共同配送は、荷主・宅配ドライバー・エンドユーザーだけでなく、倉庫会社にとっても保管料を生み出す新たな案件が創出される、という参加者全員が勝てるモデルとなります。

ちなみに、当社が提携している倉庫会社は、医薬品の保管に必要な「常温・冷蔵・冷凍の3温度管理ができる」「専用の保険がかけられる」「資格者を保有している」という特殊な条件を満たした倉庫を保有しています。

また、アパレルに特化した倉庫会社もあり、これはアパレル業界の共同配送には最適です。つまり、共同配送が普及するほど、このような特徴ある倉庫を保有する倉庫会社が有利になっていくと思われます。この「さまざまな業界で共同配送を実現する」というビジョンはすでに実現しつつあり、多種多様な形態の共同配送をスタートする予定です。すでに他の共同配送案件で、月の売上が80万円を超える宅配ドライバーが誕生する可能性もあります。

14

「D to C」で街中のドラッグストアが配送センターになる

８兆円規模のドラッグストア業界

最近、スーパーマーケットより「ドラッグストア」を見かけることが増えている……そんな印象はないでしょうか？

実際、経済産業省の商業動態統計によると、ドラッグストアの商品販売額は２０１４年度の４兆９４２３億円から２０２３年度には８兆５２０３億円に、店舗数も１万３１５７店から１万９１９８店まで、一貫して増え続けているのです。

このように勢いのあるドラッグストアでは、物流についても先進的な取り組みをスタートさせています。当社がある大手ドラッグストアチェーンと共同で行っている「S2C」もその一つです。

じつは、従来の物流システムには、何段階にも及ぶ「中継輸送」が行われているという欠点がありました。この中継輸送の欠点については、次の図をご覧ください。

まず、荷主からスタートした荷物は、次のような経路でエンドユーザーに届きます。

●配送会社の「営業所」を経由して、「配送センター」と呼ばれる長距離輸送を行う施設に集められる

⬇

●配送センターから「幹線輸送」という長距離移動を経て、エンドユーザーに近い場所の「配送センター」に送られる

⬇

●配送センターからさらに「営業所」に送られる

⬇

●最後にラストワンマイルの配送が行われてエンドユーザーの手元に届く

中継輸送のイメージ図

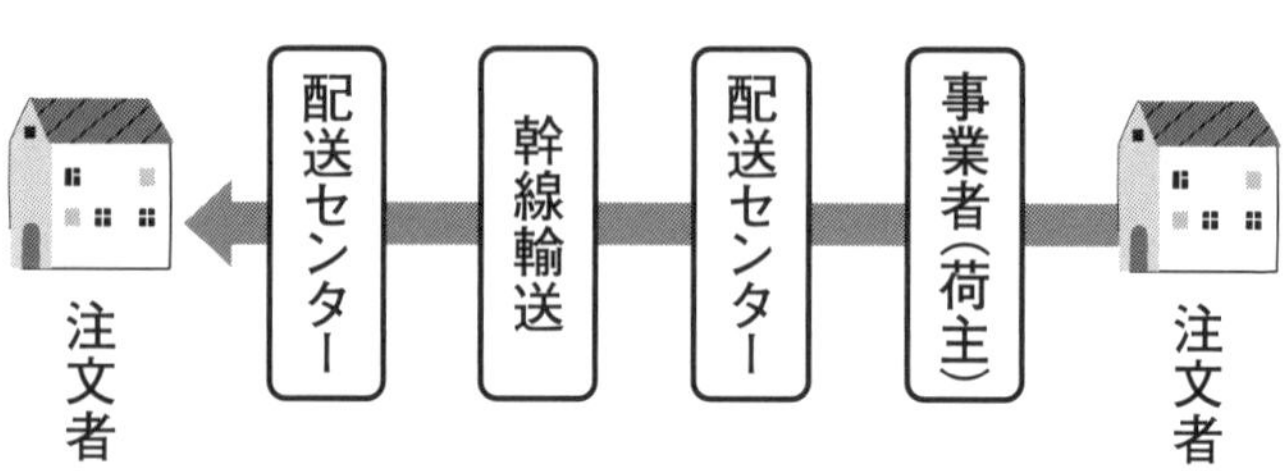

このように従来の宅配便は荷主からの経由地が多いことから、必然的にコストが高くなってしまいました。また、経由地を管理し、荷物を移動するための人手も多数必要になっています。

そこで当社では、大手ドラッグストアチェーンとの「D to C（Direct to Customer）」という新しい配送モデルに参画しました（次ページ図参照）。

D to Cでは、全国に存在するドラッグストアチェーンの実店舗を宅配便における「配送センター・営業所」として活用します。具体的には、ECサイトから顧客の注文を受けると、最寄り店舗の在庫が自動的に確認され、その店舗から顧客に商品を届けるのです。

すでに稼働しているこのD to Cという配送モデルには、次のようなメリットがあります。

■荷主のメリット

配送センター間の幹線輸送がなく、経由地の人件費もかからないため、コストが低くなる。

■宅配会社(宅配ドライバー)のメリット

大手ドラッグチェーンと配送会社が直接契約した場合、運賃の中抜きがない。結果として、業界平均よりも高い運賃が得られる。

また、大手ドラッグチェーンの荷物だけを配送するので、1日の配送件数は20~30件。一般的な宅配便の1日200~300件よりも少なく、無理な残業を行わなくてもよくなる。

SC2配送モデル

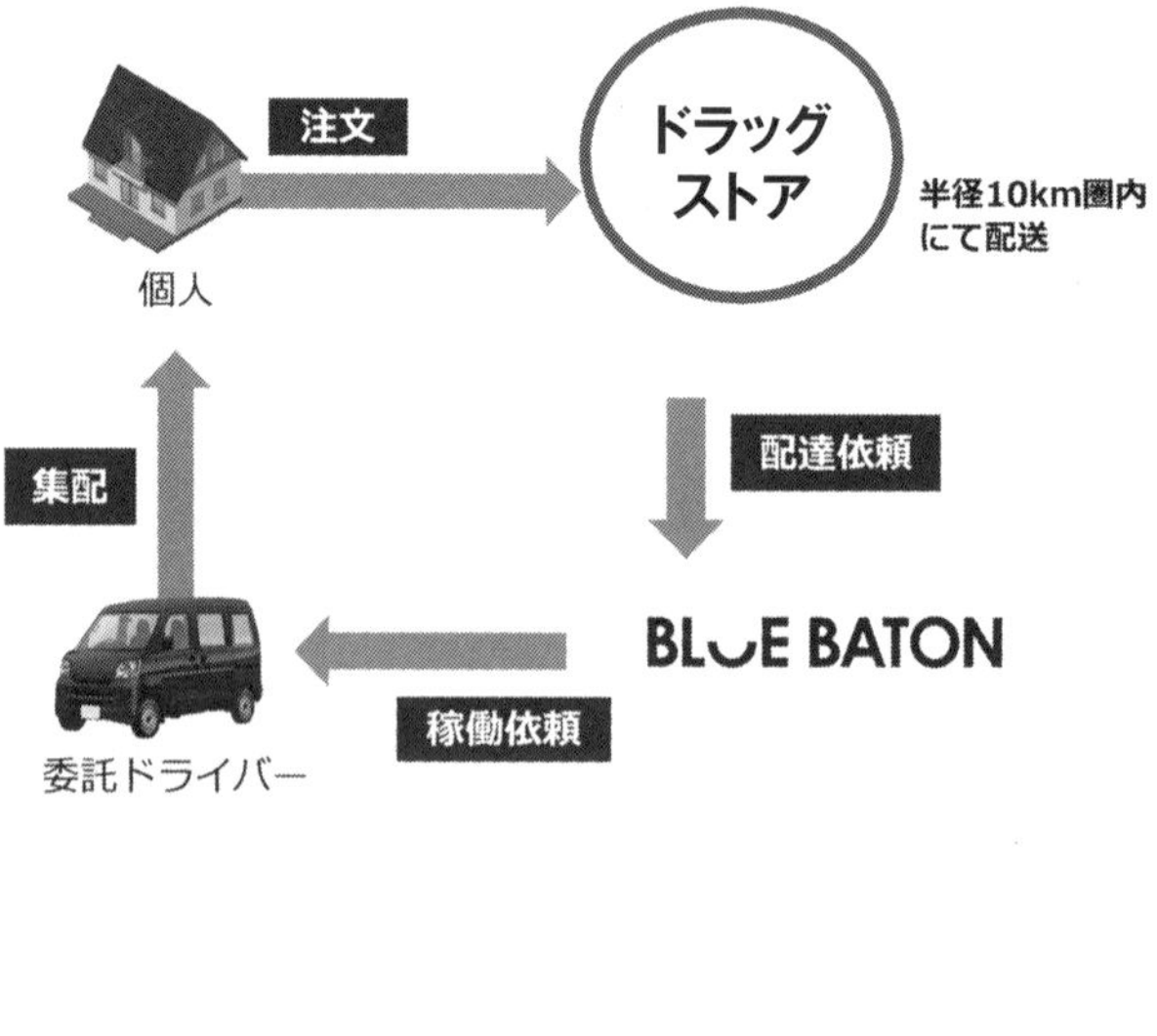

■エンドユーザー（ECサイト顧客）のメリット

２０２４年問題で宅配便における配送日数の増加が予想されるが、D to Cは顧客の近隣店舗から直接届けるので、店舗在庫等の状況にもよるが、今後も翌日配送が可能。

以上から、D to Cも前述の共同配送と同様、荷主・宅配ドライバー・エンドユーザーの「三方良し」を実現する仕組みと言えます。

さらに、経由地や幹線輸送をなくすことは日本の人口減少に伴う輸送の効率化や、温室効果ガスの排出量削減にも役立つでしょう。

15

「共同配送」×「D to C」を全国展開——異業種にも

昔、地方のスーパーマーケットが遠い団地などには、野菜や肉、魚、乳製品、豆腐などの食料品や雑貨を乗せた移動販売車が周回していました。いずれも軽トラックの荷台を改造したもので、民謡などを流しながらやってくると、たくさんの人が買い物に出てきたものです。最近はほとんど見かけなくなりましたが、子どもの頃の懐かしい思い出です。

共同配送の原型は移動販売車からの着想

じつは、ここまでご紹介してきた「共同配送」と「D to C」を組み合わせたビジネスの着想は、この移動販売車と同じだったかもしれません。運営が地元スーパーで、その店にあるさまざまな商品を1台のトラックが運ぶわけですから、着想としてはほとんど同じです。

当社でも、この「共同配送」×「D to C」という組み合わせに取り組みたいと考え、すでにドラッグストアチェーンとの検討を行っています。店舗を配送センターとする「D to C」を一つのドラッグストアチェーンではなく、複数のドラッグストアチェーンで行う「共同配送」にできれば、荷主が負担する運賃を減らし、宅配ドライバーの売上を増やすことができます。

異業種も相乗りできる

また、この「共同配送」×「D to C」は同じ業界だけで行う必要はありません。たとえば、一定圏内にある「ドラッグストア店舗」と「アパレル店舗」、さらに水や食料品を扱う「スーパーマーケット店舗」を宅配便ドライバーが巡回して集荷し、エンドユーザーに届けることも可能でしょう。

これに似た形で、複数の業界の荷物を混載便という形で運んでいる宅配便会社もありますが、自社の配送センターに一度荷物を集め、そこから宅配ドライバーに配達させる形をとっています。

この場合、まず荷物を自社の配送センターに集めるコストがかかってしまいますし、自社の配送センターから荷物をお届けするエンドユーザーまでの距離も遠くなってしまいます。それよりは、エンドユーザーに近い店舗を配送センターとする「D to C」

方式で、共同配送をおこなうほうがメリットが大きいでしょう。

「D to C」方式で日給は1万8000円以上に

現在、あるドラッグストアチェーン1社単独の「D to C」方式を担当している宅配ドライバーは日給1万8000円を得ることができています。もし、これがドラッグストアチェーン3社の「D to C」を担当する共同配送方式になれば、ドラッグストアチェーン1社あたりの運賃負担を半額の9000円にしても、ドライバーの日給は27000円になります。

この「共同配送」×「D to C」を全国に展開することができれば、日本中の宅配ドライバーの働く環境は大きく改善されるのではないでしょうか？

16

外国人ドライバーを積極採用してみよう

本章では「2024年問題」を解決するためのさまざまな取り組みをご紹介してきましたが、最後に「外国人労働力の活用」についても触れておきましょう。

近年、「パスポートを取り上げる」「あり得ないほど安い給料しか支払わない」「劣悪な労働環境や住環境に押し込める」といった外国人技能実習生に対するひどい扱いがクローズアップされ、話題になりました。

これらはいずれも「技能実習制度」では基本的に転職できず、最初に契約した会社を辞めれば本国に帰らなければならないからでした。多額の借金をして日本に渡ってきた外国人も多く、ひどい扱いを受けても辞められないことが悪徳企業につけ込まれる結果になったのです。

特定技能制度で外国人ドライバーの採用が可能に

そこで政府は、新たな在留資格として「特定技能制度」を制定しました。こちらは国内人材を確保することが困難な状況にある産業分野において、一定の専門性・技能を有する外国人を受け入れることを目的とする制度です。

特定技能制度は転職が認められていますし、在留期間を無期限に更新することも可能です。さらに家族を帯同することもできますから、事実上の永住権と言ってもいいでしょう。

そして、特定技能制度がトラック・タクシー・バスの運転手といった自動車運送業にも追加されました。ただし、この中に軽貨物事業は含まれません。詳細は、2024年4月19日に法務省などから「自動車運送業分野における特定技能の在留資格に係る制度の運用に関する方針」という発表が行われています。

この制度を活用し、当社でも外国人ドライバーの採用を検討しています。

ただ、ラストワンマイルを担う宅配便ドライバーとして、将来的に外国人ドライバーをエンドユーザーに受け入れてもらうのは、なかなかハードルが高いかもしれません。宅配便ドライバーはコンビニエンスストアなどの店員とは違い、各家庭の敷地に入り、ドアを開けて荷物を手渡しする仕事だからです。

第3章

ラストワンマイルの新しい世界

17

貨物運送会社との提携でラストワンマイルの領域を拡大

日本の宅配には「軽バン」が必須

宅配便の仕事をしていて驚くのは、都内をはじめとする都心の道の狭さです。車同士がすれ違うどころか、１台通るのもやっとの道の奥に何軒も家があることも珍しくありません。慎重に運転しなければ壁をこすってしまったり、側溝に落ちてしまう危険もあるほどです。

このような道路が多いことから、中型トラックはラストワンマイルの配達には不向きです。いわゆる「軽バン」と呼ばれる軽自動車規格のバンタイプの車両が宅配便に最適な理由は、この日本特有の道路事情があるでしょう。

大型貨物会社との提携で新しいビジネスを創出

そして今、大型トラックを利用する貨物運送会社はラストワンマイルが得意な宅配会社と提携することにより、新しいビジネスを始めている会社もあると考えられます。

その一例が、当社が行なっている「医療機器」の配送です。

この医療機器の配送は、これまで大手貨物輸送会社が進出できない領域でした。そこには、「残業規制があるため自社では翌日配送できない」「大型トラックしか所有していないので狭い路地には配達できない」「大型トラックで医療機器を1～2台だけ運ぶのは効率が悪過ぎる」といった理由があったのです。

大型トラック便の利点+宅配便の利点

しかし、ラストワンマイルを専門にしている当社と提携すれば、これらの課題をクリアすることができます。まず、「残業規制により翌日配送ができない」という点は、当社にラストワンマイルの配送を業務委託することで解消されるでしょう。

さらに「大型トラックでは狭い路地に配送できない」という問題も、当社が契約している軽バンや幌付き小型トラックを利用すれば問題ではなくなります。最後に「大型トラックの運送効率」についても、長距離輸送時には大型トラックで10～20台とまとめて運び、最終的な配送を当社が行うことで解決できたのです。

こうして、大手貨物運送会社は美顔器配送という新しい分野に進出することができました。つまり、２０２４年問題による残業規制という制限は、「貨物運送会社とラストワンマイルを担う宅配便会社の提携」によって、新しいビジネスチャンスにもつながるのです。

２０２４年問題に頭を悩ませている貨物運送会社には、ぜひ「ラストワンマイルを担う宅配会社との連携」というアイデアを活用し、逆にビジネスを拡大していただきたいと思います。

18

AIによるシフト自動生成&調整システム

煩大で煩雑な「シフト作成」

かつて飲食店を経営していた時代、私が最も頭を悩ませたのはスタッフの「シフト作成」でした。それぞれに得意・不得意もあれば急な休みもあり、アルバイトも含めると膨大な時間を取られたものです。

このシフト作成の苦労は運送業界でも共通のものなのです。

たとえば、当社の場合は350人以上の契約ドライバーのうち、常時稼働している人が300名ほどいます。以前は、この300名のシフトを当社の現場責任者が一人で表計算ソフトを使って作っていました。

一応、この表計算ソフトでも「同じ人が複数のコースでダブルブッキングしている」場合などはエラー表示されるといった機能はありますが、それでは到底追いつかない規模で仕事が増えていったのです。

1週間～10日を要する作業が1日で

そこで、当社ではＡＩを活用したシフト自動生成&自動シフト調整システムの構築に取り掛かりました。契約している運送会社や直接契約しているドライバーから希望日程のデータを受け取り、それを流し込むと一瞬でシフトを作成してくれます。

このシステムが稼働すれば、これまで現場責任者が1か月に1週間～10日ほどかけていた作業を1日で終わらせることができるでしょう。このシステムについては、さらに各ドライバーの事情も加味したシフトを作成できるように改良する必要があります。

たとえば、現場責任者の頭の中にある「Ａさんはまだ宅配ドライバーの初心者なので簡単なルートを担当してもらおう」「Ｂさんはかなり経験を積んできたから難しいルートをお願いしよう」といった観点からのシフト作成を、ＡＩが自動的に調整してくれることを目指しています。

さらに、このシステムをさまざまな企業の宅配サービスアプリと連携させ、シフト作成を自動化することも視野に入れています。これが実現すれば、各業界に最適化した宅配サービスアプリの強みを活かしつつ、大幅な効率化を実現できるでしょう。

つまり、各社の宅配サービスアプリが実現している「ドライバーのトラッキング機能」「配達ノウハウの共有機能」「スムーズなマップ移行機能」などを活かしたまま、全体のシフト作成業務の効率をアップさせることができるわけです。

運送業界のＤＸは必須

運送業界はこのあたりの取り組みが遅れており、極めてアナログな体質です。シフト作成もベテランの人力と勘に頼っている会社が大多数でしょう。会社によっては、いまだに紙と鉛筆でシフト表を作成しているところもあるくらいです。

これではドライバーの能力や事情に合わせた柔軟なシフトを組むことができません。それは結果として、宅配便業界の魅力を低下させ、ますますドライバー不足に拍車をかけるでしょう。

19

ガソリン代と高速道路代を相殺する広告収入モデル

トラックで広告収入

東京、名古屋、大阪、福岡といった大都市を歩いていると、車体全体を広告でラッピングし、大音量で広告を流す「ラッピングトラック」を見かけます。なかなか廃れないところを見ると、結構な宣伝効果があるのかもしれません。

じつは、この自動車広告は運送業界でも導入が可能です。すでに当社でも契約している宅配ドライバーにお願いして、いくつかの軽バンに広告を掲載し、試験的に運用した実績もあります。

これは、ある車体広告に取り組んでいる企業と提携しているものです。広告を掲載した車両のドライバーはスマホに特殊なアプリを登録し、ＧＰＳで記録された走行距離に応じて広告収入を受け取ります。

この車体広告の取り組みは一般の方の私有車（いわゆるマイカー）ではあまり受け入れてもらえないでいる……とのことですが、業務用の商用車であれば気にする人はほとんどいないでしょう。当社としては、この車体広告によってガソリン代や高速道路代を相殺できれば、宅配ドライバーの大きなメリットになると考えています。

広告収入の85%は宅配ドライバーに

現在の試験運用では、1ヶ月で約1万円〜12000円ほどの広告収入があり、完全にガソリン代や高速道路代を相殺するには至っていません。また、広告を出稿する会社の広告料の上限もあるでしょう。

そこで、当社では車体広告を掲載したい複数の法人（地元の美容院など）と直接契約し、広告収入をより増やす構想を検討しています。ただ、自治体が設けた条例により、車体広告を掲載した車両が走れないエリアもありますので、この課題もクリアしな

ければなりません。

また、現在試験運用している広告はリアガラスに直接貼り付ける形になっていますが、当社ではさまざまな法人の広告を自在に表示できるよう、リアガラスだけでなく、サイドガラスにもデジタルサイネージ（電子式看板）を取り付ける方式にしてはどうか、という構想を持っています。

車体広告の収入はどのくらい期待できるかというと、間接契約の現状でも1か月で1万円前後の広告収入が得られていますから、複数法人から当社への直接契約が実現すれば、宅配ドライバーの皆さんにはガソリン代・高速道路代を十分に相殺できるだけの広告収入がもたらされるでしょう。

20

オーナーと現場監督の二人で年商1億も夢ではない

夢は年収１０００万円を達成すること！

なんとなく、キリのいい数字ということもあるでしょうが、多くの人にとって年収１０００万円というのは憧れの数字なのではないでしょうか？

事実、国税庁の「令和３年分　民間給与実態統計調査（２０２２）」によると、２０２１年時点で給与所得を得ているのは５２７０万人。そのうち年収１０００万円を超えている人は約４・９％だそうです。

つまり、年収１０００万円以上の給与をもらっている人は、給与所得者１００人のうち５人しかいないわけで、なかなか目指し甲斐のある数字であることは間違いないでしょう。

一方、運送会社の経営者としてまず目指したい数字は、年商１億円でしょう。企業情報調査会社の東京商工リサーチの調査（２０２２年）によると、運送会社は「年商１億円未満」が25％を占めます。最も多いのが「年商１億円～５億円未満」で、これが全体の50％を占めています。

ですから、運送会社にとっては年商1億円の壁を突破することがひとつの目標であり、次の目標が年商5億円の壁を突破することなのです。

売上倍増は可能だ

しかし、この年商1億円を目指す運送会社が6次下請け、7次下請けのような仕事ばかり引き受けていたらどうなるでしょうか。この場合、社員一人当たりの売上は20万円程度になりますから、オーナーと現場監督の二人で管理できる宅配ドライバーが20人だとすると、月の売上は４００万円。年商にしてわずか４８００万円ということになってしまいます。

一方、当社が運営するフランチャイズに加盟し、荷主からの直接契約を中心とする案件を受注した場合はどうなるでしょうか？

社員一人あたりの1日の売上目標を平均2万円とすると、月の売上は社員一人当たり40万円になります。

そしてオーナーと現場監督の二人で20人のドライバーと契約した場合、月の売上は

800万円。年商にして一気に1億円に到達できます。

本章でご紹介した「共同配送」や「D to C」といった案件の場合は、より高単価になりますから、さらに年商は増えるでしょう。実際、当社のフランチャイズに加盟したある運送会社は現在、契約ドライバー数が20名前後。創業2年で年商1億5000万円を達成しています。

やはり宅配業界において将来に希望を持つためには、「長時間労働」「多重下請け」という従来型の案件から、荷主との直接契約や共同配送、D to Cといった工夫によって効率がよく、高単価になった案件に受注を切り替えるべきでしょう。そのような仕事の先にこそ、運送会社の経営者も宅配ドライバーも幸せになれる世界が広がっていると思います。

以上のようにラストワンマイルの新しい世界が開けることによって、多種多様なビジネスが生まれ、ラストワンマイルの市場も2022年度の2・9兆円から2030年には4・0兆円へと拡大することが予測されています（矢野経済研究所調べ）。

第4章

宅配ドライバーで年収800万円を目指す

21

働けば働くほど稼げる宅配ドライバー

宅配ドライバーの平均年収が380万円のままでいいのか

業務委託契約と雇用契約で単純比較できませんが、全日本トラック協会が公表している「トラック運送事業の賃金・労働時間等の実態」（２０１９年度版）によると、宅配ドライバーの平均年収は３８０万円です。これは大型トラックドライバーの平均年収４５０万円と比べると、かなり低い数値です。やはり宅配ドライバーは長時間労働&低賃金で、稼げない仕事なのでしょうか？

もちろん多重下請けの6次下請け、7次下請けとして働く従来型の宅配ドライバーは、そのとおりかもしれません。

しかし、当社のような「共同配送」「D to C」を活用したドライバーは、はるかに稼ぐことができます。

そもそも、「ラストワンマイル」は拡大している真っ最中の業界です。２０１９年に16兆円だったEC市場は、２０２７年には49兆円に急拡大するという予想もあるほどです。当然、そこで取引される商品を運ぶ宅配便は、ますます重要視されるようになるでしょう。つまり、本来であれば宅配ドライバーという職業はもっと収入をあげられるはずなのです。

マーケットが縮小している業界でいくら働いても収入は増えませんが、マーケットが拡大している業界なら、収入は基本的に増えていくのです。

多様な働き方の組み合わせで年収アップ

さて、個人事業主としての宅配ドライバーの働き方には2種類あります。一つが、荷物を運ぶ数にかかわらず、配送費が変わらない「車建（しゃだて）」という仕組み。当社のある小売チェーンの仕事の場合、1日1万8000円と決まっています。特定の小売チェーンの荷物だけを運べばいいので、運ぶ荷物の数は1日数十個です。1日に200〜300個の荷物を運ばなければならず、案件、物量によりますが、深夜まで拘束される従来型の宅配ドライバーと違って、夕方には仕事が終わります。

もう一つが、運んだ荷物の数に応じて配送費が支払われる「個建（こだて）」という仕組み。当社が提携する小売チェーンの場合、こちらも多重下請けではなく、小売チェーンから直接仕事を受注しているので、従来型の宅配ドライバーと比べると、荷物1個当たりの配送料は2倍〜3倍になっています。

これだけでも多重下請けに苦しむ宅配ドライバーより高い収入を得られますが、さらに稼ぎたい宅配ドライバーは「車建」「個建」の仕事が終わった後や空いているスキマ時間に、「ウーバーイーツ」や「出前館」などの飲食の宅配サービス、スポット運送（単発の配送依頼）で働いています。


このように、宅配ドライバーは本来効率よく働くことができ、働けば働くほど稼げる仕事なのです。ちなみに、当社のドライバーの中にはメインの仕事とスキマ時間のスポット宅配によって、平均月60万円を稼いでいるドライバーもいます。

そのドライバーは稼いだお金を実家に仕送りし、お母さんの医療費にあてています。

大型トラック運転手の平均年収４５０万円を越えるどころか、年収８００万円も夢ではないと言えるでしょう。

22

普通免許があれば宅配ドライバーになれる

ひと昔前まで、顔写真付きの身分証明書で財布に気軽に入れておけるものといえば、自動車の普通免許証が代表的な存在でした。現在はマイナンバーカードが身分証明書としての役割を果たしつつありますが、それでも多くの人が普通免許証を常時持っています。

実際、警察庁が発表した「令和4年度運転免許統計」によると、2022年の運転免許保有者は8184万5449人です。2022年の日本人の人口が1億2500万人ですから、6割以上の人が「免許証」を持っているわけです。

宅配ドライバーは、この日本人の半分以上の人が持っている資格でなることができます。ほかに必要なものは、軽貨物運送事業者としての届出と黒ナンバー（黒字に黄色の文字・数字で記された業務用車両であることを示すナンバープレート）の軽バンだけです。

軽貨物運送事業の正式名称は「貨物軽自動車運送事業」と呼ばれ、各都道府県の運輸支局に必要書類を揃えて提出すれば、事業者として認められます。営業所や休憩場所、車両の保管場所が必要になりますが、それらは自宅で問題ありません。

また黒ナンバーの取得も、先ほどの運輸支局で手続きを完了した後、軽自動車検査協会で申請すれば交付されます。黒ナンバー付きの軽バンを所有していなくても、リース会社で借りることも可能です。

続いて必要なのは「自動車保険」ですが、年間5～6万キロは走行するので、任意保険は年間12～18万円と一般の乗用車の任意保険よりもかなり高くなります。しかし、それでも事故を起こしたときの補償を考えると、任意保険は必須でしょう。

この他にかかる主な費用としては「ガソリン代」があります。一般的な宅配便のように、配送センターから配送エリアまで遠い場合は、月5万円ほどかかるでしょう。一方、前述した当社の「D to C」という実店舗周辺のみ配達を行うスタイルの場合、ガソリン代は月3万円ほどです。この差は意外と無視できません。年間で24万円以上の差になるからです。

年収1000万円は夢ではない

ちなみに、ここまで書いてきたのは「個人事業主」として宅配ドライバーに取り組んだ場合の話ですが、その収入はどのくらいになるかというと、売上の多くが収入となり、年収８００万円ほどになります。

ただ、これから共同配送が本格的に進んだ場合は1日の収入が4万5０００円となり、月22日の出勤で、会社の手数料を引いたとしても、年収1０００万円を超えることも可能になってくるでしょう。宅配ドライバーも1０００万円プレイヤーを目指せる職業なのです。

23

宅配ドライバーになるのに車を保有する必要はない

最近は車の各種装備が豪華になり、軽乗用車でも諸費用やオプションを含めると、２００万円を超えることが珍しくなくなってきました。政府の小売物価統計調査によると、２０１０年における軽乗用車の新車販売平均価格はおよそ１０７万円でしたから、その値上がりは驚くべきものです。

新車の軽バンを準備するのはハードルが高い

宅配便に必要な軽バンの新車価格も同様に、２００万円は見ておく必要があるでしょう。軽乗用車のような快適装備は省いてよいとしても、法律上の安全基準を満たすためにはこれくらいの価格になってしまいます。しかも、購入時の値引きはほとんど期待できません。

そうなると、宅配ドライバーとして独立する際に新車で軽バンを用意するのはなかなかハードルが高いと言わざるを得ません。ちなみに、軽バンの中古車両は業務用で酷使されている車両が多く、故障の頻発・高額なメンテナンス費用の恐れがあるので選択肢から外したほうがよいでしょう。

リース契約のメリット

おすすめしたいのは、前述した「リース契約」です。リース契約とは車両を所有するリース会社から軽バンを借りる契約のことで、一般的なレンタカーとよく似ていま す。ただ、1時間〜1日単位で行われるレンタカーなどのレンタル契約とは異なり、半年〜数年といった中期・長期の契約になります。

リース契約には、次のようなメリットがあります。

●初期費用が抑えられる
●メンテナンスや整備を任せられる
●リース費用が経費として扱われるため、確定申告時に有利になる
●レンタル契約よりも毎月の支払い額が割安になる
●宅配便で必要な黒ナンバーの取得をサポートしてくれるリース会社もあり、

黒ナンバーの取得がスムーズに進む

ちなみに当社で業務委託をお願いしている個人事業主の方に、当社が紹介したリース会社からリースされた軽バンを利用している実績があります。

このように車を購入・リースし、宅配ドライバーとして仕事が割り当てられるまでには、だいたいスタートから2~3週間必要です。そこからさらに収入が入ってくるまでには2か月かかりますから、独立開業する際には、３か月程度の生活費を用意しておくのがよいでしょう。

24

「どこからの仕事」を引き受けるかが最重要

２０２４年の春闘において、さまざまな会社でかなりの賃上げが発表されました。日本労働組合総連合会（連合）の集計によると、平均賃上げ率は５・25％。２０２３年の３・76％を上回るペースで、２年連続の賃上げが行われています。

ただし、このような好景気を感じさせる賃上げ発表には、業界や企業規模によってかなりの温度差があります。たとえば、先ほどの平均賃上げ率は大企業に限れば５・28％になり、中小企業に限れば４・５％と若干下がります。

また、東京商工リサーチによれば、調査対象となった４０００社ほどの企業のうち、85％の企業が「賃上げをする」と回答している中で、不動産では24％、情報通信業では22％、小売業では19％の企業が「賃上げは行わない」という回答をしています。

つまり、働く人の待遇は「どの業界で働くか」に大きく左右されるわけです。宅配ドライバーの場合で言えば「どこ（の宅配会社）から仕事を引き受けるか」ということでしょう。具体的に変化するのは、次のような要素です。

●**単価**：「1日当たりいくら」という契約の場合は「車建て」と呼ばれます。一方、「荷物一個当たりいくら」という契約の場合は「個建て」と呼ばれます。「個建て」

の場合、高い収入を得るためには、それだけ多数の個数を運ばなければなりません。

●労働時間：宅配会社によって、1日に宅配ドライバーが運ぶ荷物の量は大きく変わります。また、配送センターと配達エリアが離れていた場合、移動距離が延びるので、必然的に労働時間も長くなってしまいます。

●移動距離：ラストワンマイル（宅配便）において、宅配ドライバーの移動距離に最も影響するのは、やはり配送センターと配達エリアの距離です。当社の「S2C」方式であれば半径2～10㎞圏内で配達は完結しますが、宅配会社によっては片道50㎞も離れている場合があります。

●配送しやすさ：宅配会社によって、荷物の量や内容が大きく異なります。たとえば、医薬品のルート配達の場合、あまり重量の多いものや大きな荷物はありません。一方、ネットスーパーの宅配便は飲料などの重量物が多くなります。また、宅配会社によっては、サイズ制限が緩いために大きくて重い荷物が多い会社もあります。

宅配ドライバーの仕事は「時代の流れ」も大きく影響します。たとえば、インバウンド関係の宅配は有望な仕事の一つです。大手旅行会社ＪＴＢは２０２４年の訪日観光客を３３１０万人と予測しています。

当社はこのインバウンド向けに、空港からホテルへの宅配を荷物１個５００円で請け負えば、インバウンド客の８％が平均２個のスーツケースを依頼すると仮定した場合、３０００万人×０・０８×２×５００＝24億円の売上になります。

また、これから高齢化が進む日本では、オンライン診療に伴う処方薬の配送も有望です。薬品は利益率が高く、小型・軽量なので、宅配ドライバーの業務負担が小さく、運賃収入も期待できるでしょう。

これから宅配ドライバーを目指そうという方は、まずはこれらの要素を念頭において、依頼を受ける宅配会社を決めたほうがよいでしょう。同じように見える業務内容でも、収入も働き方もまったく異なるからです。

25

一人だから
フットワーク軽く
仕事ができる

２０１９年～２０２２年にかけて、新型コロナウィルスの世界的な流行により日本中でリモートワークが導入されました。その結果、多くの人が自宅にこもって仕事をするという経験をしたわけですが、そのときの感想はさまざまです。

「孤独感に耐えられなかった！」という人もいれば、「人間関係のストレスがなくて快適だった！」という人もいて、なかにはリモートワークが終わった後、リモートワークで働く環境を求めて転職した人もいるくらいです。

ちなみに、民間シンクタンクの産労総合研究所が２０２０年に行ったインターネット調査（20～60代の男女２８６人が回答）によると、「在宅勤務は好きですか？」という設問に「好き」「どちらかというと好き」と答えた人は63％、「どちらかというと嫌い」「嫌い」と回答した人は37％でした。

一人で仕事するのが好きな人は多い

これらのことから、世の中には一人で仕事をするのが好きな人もいることがわかります。そして、宅配ドライバーはそんな人に最適の職業と言えるでしょう。実際、当社と契約している宅配ドライバーの多くも、「一人で運転するのが好き」「一人の時間が好き」という理由でこの仕事を選んでいます。

また、一人だからこそ好きな時間に働くことができるのも、宅配ドライバーという職業の魅力になることもあるでしょう。当社の場合はドラッグストアやネットスーパーなど、決められた配送先を巡回するルート案件が多いのですが、働く時間帯や曜日については自分で好きにシフトを決めることができます。

ドラッグストアやネットスーパーは基本的に365日稼働していますから、入れようと思えばいくらでもシフトを入れられます。これはしっかりとお金を稼ぎたい人にとってはメリットでしょう。

宅配ドライバーの働き方はさまざま

同時にフットワークが軽い人は、このようなシフトの空き時間にスポット（単発）で配達の仕事を引き受けたり、飲食系のデリバリーサービスの仕事をして収入を増やしています。

宅配ドライバーの仕事はもちろんラクして儲かるという仕事ではありませんが、本来は働けば働いた分だけ稼げる仕事だったのです。それが長時間労働・低賃金の代名詞のような仕事だと思われるようになってしまったのは、やはり宅配業界の仕組みのせいです。

長時間労働をしなければ配達が終わらないような仕組みや、多重下請けによって本来もらえるはずの運賃が半額になってしまうようなビジネスモデルが間違っているのです。今後も、当社は一人で働く宅配ドライバーを全力でサポートしていく会社でありたいと思っています。

26

宅配ドライバーは女性も働きやすい仕事になる

ここ数年、日本でも次期総理大臣候補として女性議員の名がたびたび登場するようになりました。海外ではイギリスのマーガレット・サッチャー首相やドイツのアンゲラ・メルケル首相、イタリアのジョルジャ・メローニ首相など、女性の政権トップは珍しくありません。

さらに企業の管理職も女性が増えてきました。厚生労働省の雇用均等基本調査（２０２２年度）によると、女性管理職の割合はおよそ12・７％。世界の平均を見ると、国土交通白書（２０２１）によればフランスが35・５％、スウェーデンが42・３％、ノルウェーが47・２％となり、それらに比べれば見劣りしますが、それでも十人に一人が管理職となっています。

宅配ドライバーは女性には不向きなのか？

このようにさまざまな分野で女性の活躍はめざましく進んでいますが、運送業の世界はそうではありません。総務省の「２０２０年 労働力調査」によれば、道路貨物運送業（ドライバー）の就業者に占める女性の割合はわずか２・３％。その他の産業全体の平均値が44・5％ですから、これは相当少ないと言えるでしょう。

このように運送業におけるドライバーが少ない理由は何でしょうか？　特に宅配ドライバーに限って言えば「体力的な問題」が大きいでしょう。前述したように、宅配便を配達する際は駐禁切符を取られないよう、常に荷物を抱えて小走りにならなければなりません。

エレベーターがなければ、階段をダッシュで登り降りすることにもなります。さらに飲料水やお米などの重量物も荷物に含まれることから、女性が活躍できる場はかなり限定的になります。

「重いものを持ち運ぶ」という問題を解決するだけならば、電動モーターや圧縮空気を利用した「パワーアシストスーツ」を着用するという手段もあります。しかし、今のところ丸一日装着したままでいられる製品はなく、宅配ドライバーは車の運転もしなければならないため現実的ではありません。

軽い荷物のみ扱う仕事もある

また、一般的な宅配ドライバーはトイレ時間の確保もままなりません。この点からいっても、女性にとっては劣悪すぎる労働環境であることは否定できないでしょう。

ですから、女性の宅配ドライバーを増やすためには仕事の内容そのものを変えることしかありません。そこで当社は「軽量な荷物のみ扱う業種を絞ったルート配送」、「膨大な数の荷物を運ばなくても適切な収入が得られる運賃単価アップ」に取り組んできました。前述した「共同配送」や「Ｄ to Ｃ」によって、これらの取り組みは現実のものになりつつあります。

女性の宅配ドライバーを増やすことは、女性の社会進出という社会的な要請を実現するだけではありません。２０２４年問題や人口減少に伴うドライバー不足の解決にもつながるのです。

27

心の中に規範（フィロソフィ）を持つ

一般社団法人日本トラックドライバー育成機構代表理事の酒井誠氏は、著書『プロドライバーの教科書』（同文館出版）の中で、プロドライバーに必要な3つの条件として「スキル」「マインド」「マナー・モラル」を挙げています。

このうち「スキル」は言うまでもなく、ドライバーとして必要な運転技術などです。日本の狭い道、交通量の多い道を無事故で運転するためには、一定の運転技術が必要です。もちろん、宅配ドライバーとして荷物を運ぶためにも、さまざまな身に付けなければならないスキルがあります。

その上で、酒井氏はプロドライバーにとって必要なのはスキルだけでなく、「絶対に事故・クレームを発生させないというマインド」「ルールを守り、円滑に仕事をするためのマナー・モラル」だと強調しています。私も宅配ドライバーという仕事には「技術」だけでなく、働く人の「心」が絶対に欠かせないと思います。

宅配は「心を届ける仕事」

私は現在の会社を立ち上げるに当たり、この「心」の部分を最も重要視してきました。

ともすれば「共同配送」や「D to C」といった新しい「仕組み」ばかりが注目されがちですが、最も大切にしてきたのは「働く人やお客様の喜びのために貢献する」という心です。この「心」がベースとなり、働く人やお客様の喜びを最大化する手段として「共同配送」や「D to C」の仕組みが生まれたのです。心が先であって、仕組みは後。この順番は経営において、決して外してはならない点です。

読者の皆さんが宅配ドライバーという仕事を始めようと考える場合も、この点は同じです。単純にお金が儲かるからやる、というだけでは続きませんし、結局のところ「稼げるドライバー」にもなれません。

なぜなら、宅配ドライバーという仕事は「物を届ける仕事」ではなく、「心を届ける仕事」だからです。目の前にある荷物は単なるダンボールの箱ではなく、依頼した人の気持ちがこもっているのです。そして、受け取る人に荷物を通じてその気持ちを届けるのです。そんな思いや心を運ぶ仕事だと理解して初めて、本当の意味で「お客様ファースト」の仕事ができるのです。

お客様に感謝される

「共同配送」や「ＤtoＣ」といった仕組みで運賃単価が上がり、長時間労働から解放されても、この「心」が宅配ドライバーになければ、お客様の感動は生まれません。私はこれを「仕組みのＹｅｓ以上に、感情のＹｅｓを大切にしよう」というメッセージで当社のスタッフに伝えています。

私の尊敬する大経営者の故・稲盛和夫さんも、ある講演会で「心の中に規範（フィロソフィ）を持つこと」の大切さを訴えておられました。「規範（フィロソフィ）」とは自分を律するモラルであり、自分の都合や利益だけを考えて行動するのではなく、人間として何が正しいのかを考えて行動するための指針です。

宅配ドライバーとして働くうえで最も大切にするべきなのも、この規範（フィロソフィ）であると思います。そして、宅配ドライバーにとっての最も大切な規範（フィロソフィ）とは、「お客様の心を届けるために荷物を運ぶ」という心を持つことなのではないでしょうか。

28

「教育する側」も現場に入る

いわゆる生徒のことを本当に考えてくれる熱血教師の代表格といえば、昔であれば武田鉄矢さんが演じた『金八先生』、比較的最近であれば反町隆史さんが演じた『ＧＴＯ』などでしょうか。

『金八先生』は2011年3月まで、『ＧＴＯ』は2024年4月に特番が放送されていますから、やはり今でも多くの人の心を動かしているのでしょう。実際に、このドラマを見て教師を目指した人も少なくないそうです。

さて、どちらもドラマというフィクションではありますが、本当の意味で人を教え導くために必要なことはなにか、を教えてくれています。それは、「同じ目線に立つ」ということです。

現場で伝える（教える）ことの意義

人は頭ごなしに押し付けられた言葉に共感することはありません。同じ高さまで降りてきて、本当に自分の悩みや苦労をわかってくれる人の言葉にのみ心を開きます。そこから初めて教育が始まるのです。

運送会社を経営し、宅配ドライバーを教育する立場になった場合も同じでしょう。過酷な宅配の現場を知らない人間に何を言われても、ドライバーの心は動きません。宅配という仕事の苦労を知り、同じ言葉で通じ合えるとわかって初めて、心を開いてくれるのです。

Eラーニングだけでは伝わらない

当社の場合、まず宅配ドライバーとの契約は私が面接を担当することもあります。そこで「お客様ファースト」「仕組みのYes以上に感情のYesを大切にしよう」「物を届ける仕事ではなく、心を届ける仕事」といった宅配ドライバーとして働くうえで大切な「規範（フィロソフィ）」を伝えています。

さらに、各現場で配送している軽バンに同乗する「横乗り研修」で、このマインドをさらに深く教育しています。これができるのも、私自身が年に何度か最も過酷な夏場の時期を選んで宅配ドライバーとして他社の現場で働いているからです。宅配ドライバーと同じ経験を積み、同じ言葉で話すことができなければ、とても私の伝えたいことは伝わらないでしょう。

たしかに、教育動画を作成してドライバー全員を対象にしたＥラーニングを定期的に行ったほうが効率的かもしれません。しかし、やはり浸透力という面でトップが現場に入ること以上のインパクトはなかなかないと思います。

２０１０年1月、日本航空（ＪＡＬ）は、２兆３０００億円もの負債を抱えて事実上倒産しました。このＪＡＬの再生を担った故・稲盛和夫さんは、やはり毎週京都から東京に通い詰め、本社の隅々から空港の整備施設まであらゆる現場という現場に顔を出し、ＪＡＬの社員の心を立て直し、ついに再生させたのです。

この事例からも、やはり経営トップが現場に入ることが大切だと思います。そんな現場を知る経営トップだけが、本当の意味でスタッフの心を開き、伝えるべきことを伝えられるのではないでしょうか。

第5章

日本一ドライバーを幸福にする会社

29

ピンチをチャンスに変えると幸福になれる

振り返ると、私の人生の転機には必ずピンチが訪れていたような気がします。最初のピンチはNTTを退職して、品川に飲食店を開業した半年後の2011年。2万人近くの方が亡くなった東日本大震災が発生しました。

あっという間に街から人がいなくなり、震災の詳細を伝えるニュースが流れてからは全国的な自粛ムードでお客様はほとんどゼロになりました。このピンチを打開するために必死に知恵を絞り、レンタルキッチン付きのパーティスペースをオープンしたのです。すると、再びお店に活気が戻りました。

経済的な満足と心の満足、人は両方必要

それから10年近く経営は順調でしたが、2020年には新型コロナウイルスのパンデミックが起きます。ご存知のとおり飲食店はすべて営業自粛を要請されました。毎月75万円の家賃が消えていき、閉店は目前でした。そんなギリギリの状況でつかんだのが新型コロナワクチンを配送する仕事であり、現在の宅配サービス会社「BLUE BATON」につながっています。

「ピンチはチャンス」という言葉があります。私はこの言葉を「ピンチをチャンスに変えると幸福になる」と解釈しています。そして、私の考える「幸福」とは、「幸せな感情」と「経済的な祝福」が両立されたものです。どちらか片方だけでは、やはり本当の幸福とは言えないのではないでしょうか？

この「感情と経済の両立」という思想は、私の尊敬する稲盛和夫さんの影響です。稲盛さんも、創業された京セラグループの経営理念として、「全従業員の物心両面の幸福を追求する」ことを掲げています。

私が稲盛さんの言葉と出会ったのは、２０２１年7月のことです。２００８年頃のＪＡＬの再建にかかわる直前の録画動画でした。その動画を見てメモを取りながら、私はいつしか涙を流していました。

規範（フィロソフィ）を持つこと。

全体の幸福を追求すること。

「動機善なりや、私心なかりしか」という言葉……。

私は稲盛さんの本、特に『生き方』『考え方』『稲盛流コンパ』を何度も読み返しました。

そして、ＢＬＵＥ　ＢＡＴＯＮを創業し、さまざまな苦境に立たされたとき、これらの本の中にあった次に掲げる「経営12か条」や、先ほどのメモを見直して心を奮い立たせました。

第1条 事業の目的、意義を明確にする
第2条 具体的な目標を立てる
第3条 強烈な願望を心に抱く
第4条 誰にも負けない努力をする
第5条 売上を最大限に伸ばし、経費を最小限に抑える
第6条 値決めは経営
第7条 経営は強い意志で決まる
第8条 燃える闘魂
第9条 勇気をもって事に当たる
第10条 常に創造的な仕事をする
第11条 思いやりの心で誠実に
第12条 常に明るく前向きに、夢と希望を抱いて素直な心で

30

お客様から感謝される誇り高い仕事

最近、地方を車で移動していると、閉店したスーパーやコンビニをよく見かけます。いずれも建物はそのままになっていて、窓ガラスからはガランとした店内がよくわかります。

それにしても、これほど地方のスーパーやコンビニの閉店が続けば、遠からず地域住人の生活はかなり不便になってしまうのではないでしょうか。特に高齢の方が生活必需品を手に入れることは相当困難になりそうです。

宅配便は重要なインフラ

この肌感覚を裏付けるように、農林水産省のホームページには「食品アクセス（買い物困難者等）問題ポータルサイト」（https://www.maff.go.jp/j/shokusan/eat/shoku_akusesu.html）が設けられています。その冒頭には「……過疎地域のみならず都市部においても、高齢者等を中心に食料品の購入や飲食に不便や苦労を感じる方（いわゆる「買物難民」「買物弱者」「買物困難者」）が増えてきており、『食品アクセス問題』として社会的な課題になっています……」とあり、この問題の深刻さが感じられます。

さて、同サイトでは食品アクセス問題を解決する方策として、「配食サービス」「移動販売」「買い物代行」「空き店舗利用販売」に並んで「宅配・配送サービス」が掲げられています。

これまで何度もお伝えしていますが、やはり宅配便は電気・ガス・水道・インターネットなどに続く社会のインフラになりつつあるのでしょう。少子高齢化に伴う人口減少が避けられない日本では、今後ますます宅配便の重要性は高まっていくと思われます。

「この仕事をしてよかった！」

実際に宅配の現場でも、宅配ドライバーがお客様に感謝される職業であることを実感することはたびたびあります。特に重量のある水や栄養ドリンクを高齢の方にお届けすると、「動けない（運べない）から本当に助かったよ！」というお声をいただきます。

足の不自由な方のお宅に食材などを届けた時にも、涙を流さんばかりに感謝されることがあり、こちらが恐縮してしまうほどです。そんなときは本当に「この仕事をしてよかった！」と思います。

当社で宅配ドライバーをしているHさんも、「たまに、お菓子や栄養ドリンクなどをくれるお客様がいて泣きそうになります……」と当社のリクルートサイトに掲載したインタビューで語ってくれました。荷物を通じてお客様に喜びと感動を届けようと、日々頑張ってくれている彼らしい言葉だと思います。

宅配ドライバーは長時間労働で低賃金、社会的にも低く見られている仕事……というイメージがあります。しかし、実際にはお客様から心から感謝される誇らしい仕事なのです。

31

新型コロナ支援物資の配送で多くの人のお役に立てた

２０２４年現在、すでに新型コロナに苦しめられた日々をほとんどの日本人は忘れているように思えます。週末の夜ともなると繁華街には人が溢れ、飲食店やショッピングモール、テーマパークなども大盛況だからです。

しかし、この平穏な日々を取り戻すことができたのは、新型コロナ対策に奔走したさまざまな人たちのおかげです。なかでも新型コロナワクチンの接種にかかわった医療従事者の皆さん、政府・自治体関係者の方たちの努力には本当に頭が下がります。

実際、日本の新型コロナ対策は大成功したと言えると思います。ＮＨＫの「新型コロナ・感染症情報」（https:www3.nhk.or.jp/news/special/coronvirus/world-data/）というサイトに掲載された、ジョンズ・ホプキンス大学による各国別新型コロナの死者数を見ればそれは明らかです。

アメリカ：１１２万名
イギリス：22万名
フランス：16万名
イタリア：18万名

インド　：53万名
ブラジル：70万名
ロシア　：39万名
韓国　　：３万名
日本　　：７万名

もともと10年以上、飲食店経営をしていた私が宅配サービス会社『BLUE　BATON』を立ち上げたのも、新型コロナがきっかけでした。

前述したとおり、私が経営していた飲食店は新型コロナに伴う営業自粛の影響で、30名以上のスタッフを抱えて閉店寸前だったのです。

そんな中、脚光を浴びつつあったのがお弁当の「テイクアウト」と「デリバリーサービス」です。日本経済新聞で、イートインが中心だった飲食店がテイクアウトとデリバリーの業態に転換し、売上を回復している……という記事を見かけました。

コロナがニュービジネスを生んだ

新型コロナの影響で、多くの人が外出を避けるライフスタイルに切り替えていて、さまざまな配送・宅配サービスはこれから伸びる……と私も感じていました。ただ、飲食物のテイクアウト・デリバリーは他店も一斉に初めていたので、競争が厳しすぎると思いました。

そんなおり、知人の紹介経由で新型コロナの支援物資を配送する仕事を見つけたのです。当社には30人のスタッフがいましたから、すぐに配送の仕事を始めることができました。このとき手を貸してくれたのが、飲食店にお客様として飲みに来てくれていた宅配ドライバーの経験者であるＡさんをはじめとする創業メンバーです。

そして、「物を運ぶ」という仕事によって、たくさんの人を助ける・お役に立つという手応えを感じることができました。このときの感動が、現在も「ＢＬＵＥ　ＢＡＴＯＮ」の根底になっています。

32

宅配ドライバーを就活ランキングの上位へ

２０２４年度卒業予定の大学生の就職先として人気を集めている企業は、上位から「保険会社」「金融機関」「商社」「コンサルタント会社」となっています（就活情報サイト・キャリタス就活より）。いずれも給料が高く、多くの人にとって憧れの業界ですから、この順位も納得です。

一方、リストを１００位まで見ても運送会社の名前は登場しません。業界最大手の宅配会社ですら影も形もないのですから、いかに大学生にとって不人気な業界なのかを痛感させられます。

宅配便業界にチャンスあり

とはいえ、このような就活ランキングの順位が永遠に変わらないわけではありません。たとえば、かつて就活ランキング上位常連だった電機メーカーは、海外電機メーカーにシェアを奪われ見る影もありません。また、地方で「勝ち組」と言われた金融機関や「業界最大手」と言われた証券会社、最も華やかな憧れの職業であった航空会社ですら倒産した歴史があるのです。

だからこそ、私は運送会社や宅配ドライバーが大学生の就職先として人気になるような世界を作り出したいと考えています。

なぜなら、運送会社や宅配ドライバーが担っている宅配サービスは、人々の生活に欠かせない「新しいインフラ」とも呼べる仕事だからです。これからも宅配サービスを安定して持続させるためにも、業界そのものを魅力的なものにしていかなければなりません。

また、宅配ドライバーという仕事は学歴など関係なく、誠実な心と人を喜ばせたいという優しい気持ちさえあれば、努力次第でいくらでも稼げる仕事です。そのため、さまざまな事情を抱えて飛び込んできた人たちでも、この仕事を通じて幸せをつかむことが可能です。

当社の事例を挙げると、ある宅配ドライバーさんは地方の病院で入院されているお母さんに仕送りするために働いています。また、ある宅配ドライバーさんは地方に仕事がないので、家族に仕送りをするために働いています。

年収８００万円の意義

このように宅配ドライバーの皆さんは、ただお金のためだけに働いているのではなく、自分にとって大切な人のために働いているのです。

そういう人たちが本当の意味で報われる業界であるためにも、長時間労働や多重下請けをなくし、正当な運賃が支払われるようにしなければなりません。

そして、いつか宅配便が社会を支える重要なインフラであることを多くの人が知り、同時に努力次第で年収８００万円を超えることも可能であることが周知の事実になれば、大学を卒業後に宅配ドライバーを目指す若者が増えるかもしれません。

そうなれば、運送会社や宅配ドライバーが就活ランキングの上位に載る時が来るかもしれません。なぜなら、年収８００万円超の給与所得者は、全体のおよそ10％しかいないからです（国税庁 令和４年分 民間給与実態統計調査より）。

33

物流を通じて日本を元気にしたい！

誰にでも可能性がある

２０２４年7月11日、日経平均は4万２０００円台をつけ、史上最高値を更新しました。同時にさまざまな業界の企業で賃上げラッシュとなり、初任給が30万円を超えたという景気のよい話もあちこちで聞くようになりました。

その一方で、日本の自殺率は高止まりを続けています。１９９８年から連続で毎年の自殺者数は3万人を超え、２００９年からようやく減少傾向に入りました。しかし、２０１９年の2万１６９人を底に２０２３年には2万１８８１人と、また毎年少しずつ増加しているのです。

このように、世の中の景気がよくなっているにもかかわらず、亡くなる方が多いのは、なぜでしょうか？　さまざまな理由があるでしょうが、その中でも大きいのが将来を悲観し、希望を持てなくなるからだと思います。

じつは私も、飲食店を開業した半年後には東日本大震災、そして10年目には新型コロナという人間にはどうしようもない災害に見舞われ、絶望のどん底に何度も叩き落とされました。

新型コロナで営業自粛を要請されたときには、借金が2000万円を超え、自分の財産はゼロになりました。また、その状況で持ち込まれた投資案件に藁（わら）をもつかむ気持ちで出資したところ、これも詐欺でさらに800万円が消えました。そのときはもう、完全にどん底中のどん底に落ちた気持ちでした。

「諦めたらそこで試合終了だよ」

しかし、それでも希望を捨てずにあがき続けた結果、新型コロナワクチンの配送の仕事をきっかけに、会社を立て直すことができました。その過程では、お金を貸してくれた人、仕事に一緒に取り組んでくれた人、ビジネスを拡大するために出資してくれた企業など、数えきれないほどの人に助けてもらいました。

さて、言い尽くされた感もありますが、私の好きな言葉は漫画「スラムダンク」の登場人物の一人である安西先生の「諦めたらそこで試合終了だよ」という言葉です。

じつは、これと同じような言葉を日本を代表する名経営者が残しています。一人はパナソニック創業者の松下幸之助さん。「失敗したところでやめてしまうから失敗になる。成功するところまで続ければそれは成功になる」という言葉を残しています。もう一人は京セラの創業者である稲盛和夫さん。「世の中に失敗ということはない。チャレンジしているうちは失敗はない。諦めた時が失敗である」という言葉を残しています。

安西先生の言葉はバスケットボールの試合の話であり、松下さんや稲盛さんの言葉は経営の話ですが、人生も同じだと思います。諦めなければ、誰にだって可能性があるのです。「ここから絶対に這い上がるんだ」という、その人の決意・コミットメントのようなものでしょう。それが、結局自分の人生をよみがえらせ、飛躍させていくことにつながる……と思っています。

「日本を元気にする」――掛け声で終わっていないか？

しかしながら、今の日本人全体の実感として、未来について楽観的な人はあまりいないでしょう。ビッグローブ株式会社のオウンドメディア「あしたメディア by

BIGLOBE」が行った意識調査の結果を見ても、「日本の未来に希望を感じる」と回答したZ世代（2023年の調査時点で18歳〜24歳）は約3割だったそうです。

さらに、日本財団が2022年に行った世界の17〜19歳を対象にしたアンケートでも「自分の国の将来はよくなる」と回答した人の割合は中国が65・7％、インド83・1％、イギリス39・1％、アメリカ36・1％、日本13・9％でしたから、日本の若者が未来に対して悲観的であることは間違いなさそうです。

このような結果を見て、「もっと日本を元気にしたい！」と勇ましい声を挙げる人がいます。しかし、それが単なる掛け声で終わってしまいがちなのは、本当の意味で人々を元気にするための具体的な方法論が抜けているためではないでしょうか。

私は、人々が「元気になる」とは「幸福になる」ことだと考えています。そして、感情的な「幸せ」と経済的な「祝福」の両方が揃って、初めて「幸福」だと考えています。たとえば、宅配ドライバーとして働き、お客様に喜ばれてうれしい、真心を届けられてよかった、と感情が満たされるだけでなく、経済的にも満たされて初めて、宅配ドライバーが幸福な状態を作り出せるのです。

日本の土台から元気にしていく

繰り返しになりますが、今や宅配便は日本の電気・ガス・水道・インターネットに続くインフラです。そんな日本経済を下支えする宅配ドライバーが幸福になれば、日本の土台から幸福な状態の人がどんどん増えていきます。

私は当社のビジネスを通じて、宅配ドライバーの月収がごく当たり前に50万円、60万円という世界を作っていきます。それによって日本の平均年収が押し上げられ、働く人にお金が入れば、そのお金はあらゆる場所で使われ、経済を回していきます。

そうして日本経済全体が活性化したとき、初めて日本が元気になったと言えるでしょう。「電気・ガス・水道・インターネット・宅配は社会を支えるインフラである」と言われる未来を実現し、宅配ドライバーの社会的な地位が認められ、感情的にも経済的にも満たされる世の中にすることが、回りまわって日本全体の経済を活性化し、日本を元気にするということです。

大企業や一部の業界といった日本経済の上からではなく、根本の土台を支える現場から、日本全体を活性化していきましょう！

34

ブラックをホワイトに、ホワイトをブルーに染める

「ブラック企業」という単語は２０００年代中盤、インターネットを利用する若者の間で使われ始めた……と言われています。特にシステム開発プロジェクトの進捗が遅れ、納期に間に合わせるために「デスマーチ」と呼ばれる徹夜作業を強いられたＩＴ企業の社員たちが使い始めたという説もあります。

２００９年には俳優の小池徹平さんが主演の映画『ブラック会社に勤めてるんだが、もう俺は限界かもしれない』が公開されていますから、世間一般で知られるようになってもう10年以上になり、「ブラック」は日本社会にすっかり定着しました。

ちなみに、労働者の就労環境を管轄する厚生労働省は公式には「ブラック企業」という単語を使っておらず、２０１３年に「若者の『使い捨て』が疑われる企業等への重点監督の実施状況」という調査報告を公表しています。

また、大手飲食チェーンや広告代理店で自殺した社員の遺族が、自殺の原因は会社が強制した「過重労働」によるものという訴えを裁判所に起こし、さまざまな業界にはびこる過酷な労働実態が明らかになりました。

その結果、働き方改革関連法案が２０１９年から順次施行され、世の中の労働環境はかなりホワイトなものになっていったのです。

「物流イノベーション」で世の中は変わる

しかし、そんな世間の流れに逆らって、宅配業界はいまだにブラックな業界であり続けています。

宅配ドライバーを苦しめる「長時間労働」と「多重下請け」に頼り切り、増え続ける荷物をなんとか配送しているのです。本書を書く直前、私自身がある大手宅配会社で実際に経験した仕事が「朝6時に勤務スタート、夜11時にようやく帰宅」という内容でしたから、これは私の個人的な体験だとしても、長時間労働が常態化していると考えられます。

当社の目標は、まず、現在の宅配業界のブラックな働き方をホワイトなものにすること。同時に、宅配ドライバーの社会的地位と収入を向上させること。そして、当社の「物流イノベーションで人々を幸せに」「モノと一緒に、想いを届ける」「時代に合わせた新たな配送をクリエイトし、かかわるすべての人たちを幸せに」というビジョンを浸透させていくことです。

そのための手段が「共同配送」と「ＤtoＣ」、ＩＴやＡＩを活用した「ＤＸ（デジタル・トランスフォーメーション）」の３つです。私はこの３つを柱として宅配業界にイノベーションを起こし、ブラックをホワイトに、そしてホワイトを鮮やかなブルーに染めていきます！

さらにＩＰＯなどによるさらなる発展段階では、当社は社会のインフラを担う企業として「流通」という側面から「スマートシティ」の構築に貢献したいと考えています。ちなみにスマートシティとは、内閣府によれば「グローバルな諸課題や都市や地域の抱えるローカルな諸課題の解決、また新たな価値の創出を目指して、ＩＣＴ等の新技術や官民各種のデータを有効に活用した各種分野におけるマネジメント（計画、整備、管理・運営等）が行われ、社会、経済、環境の側面から、現在および将来にわたって、人々（住民、企業、訪問者）により良いサービスや生活の質を提供する都市または地域」と定義しています。

たとえば、独居世帯や高齢世帯の増加に対応した、宅配ドライバーによる高度な「見守りサービス」を実現できるかもしれません。また、宅配に関するビッグデータを活用して最も効率のよい配送方法を割り出し、最小限の二酸化炭素排出量でお客様に荷物を届ける「クリーン物流」も可能になるでしょう。

地球温暖化で赤くなりつつある地球を、青く正常な温度に戻すこと……それもまた、一つの「ブルーに染める」という当社の目標なのです。

あとがき

「喜びを届ける」価値観に共鳴した仲間たち

世の中を動かす革命は、すべて人と人との出会いがきっかけになっていると思います。アメリカがイギリスから独立できたのは、ジョージ・ワシントン、ベンジャミン・フランクリン、ジョン・アダムズ、トマス・ジェファーソンといった建国の父と呼ばれる人たちの出会いからでした。

また、フランス革命が起きたのもマクシミリアン・ロベスピエール、サン・ジュスト、ジョルジュ・ダントンといった革命指導者の存在が大きかったでしょう。日本の明治維新も坂本龍馬、西郷隆盛、大久保利通、木戸孝允（桂小五郎）といった人たちの、藩を超えた出会いがなければ起きなかったのではないでしょうか。

そして、何より彼らは皆、「アメリカを独立させたい」「フランスの王政を廃止したい」「江戸幕府を倒して新しい国を作りたい」といった目標、言い換えれば共通の「価値観」で結ばれていました。単なる「出世したい」「お金を儲けたい」という欲望による結びつきではなかったのです。

このように世の中を大きく動かすためには、同じ価値観に共鳴した仲間の存在が不可欠だと思います。

当社にもそんな大切な仲間たちがいます。彼らの存在がなければ、創業わずか2年間で売上5億円達成という急成長を遂げることも、運送業界にイノベーションを起こすこともまったく不可能だったでしょう。ここで、彼らのことを少し紹介させてください。

まず、創業メンバーであるAさん。彼は個人事業主として大手宅配会社の仕事を10年以上経験して月収100万円以上を達成し、テレビ番組『ガイアの夜明け』(テレビ東京)にも出演したベテラン宅配ドライバーでした。現在も社内のほぼすべての案件を管理しており、まさに当社の根幹を担っている人材です。

新型コロナによって飲食店の経営が危うくなった当初から、お弁当・新型コロナワクチン・医薬品・美顔器・絵画・オートバイなど、私が獲得したさまざまな案件について彼が配送の手配をする……という流れでこれまでやってきました。

それからBさん。飲食店をやっていた時代から私の秘書を務め、現在は経理関連の仕事をしてくれています。この会社を作ったのは、私・Aさん・Bさんの三人と言っていいでしょう。

さらにCさん。システム会社の出身で、新型コロナワクチンの配送から大活躍してくれました。現在も当社の新規システム開発や大手ドラッグストアの配送管理を担ってくれています。

そしてDさん。元パン職人という異色の経歴を持っています。現在は宅配ドライバーのリクルート関係、それと医薬品の共同配送業務の中心になってくれています。

それからEさん。あるとき契約していた運送会社がEさんに支払うべき運賃を持ち逃げして、夜逃げするというトラブルに見舞われてしまいました。

このときの運賃を私が個人的に補填したことがきっかけとなり、同時に当社の「お客様に笑顔を届ける」という価値観に共鳴して入社してくれました。現在は現場の管理だけでなく、ホームページの運営も担当してくれています。

そして忘れてはならないのが、FさんとGさんです。あまりにも急激に成長したので、大混乱状態だった当社のバックオフィス（管理業務）をすべて整理整頓していただきました。さらにGさんのアドバイスによって当社の目的・目標・ビジョンがより明確になりました。

彼らに共通しているのは、いずれも「お客様に喜んでいただく」「喜びを提供する」「荷物を通じて感動をお届けしたい」という価値観に共鳴し、プロの仕事をしてくれているということです。

彼らの働き方を見ていると、大切なのはやはり「心」なのだと胸が熱くなります。彼らの仕事には、単純にお金のためだけに働いている人には感じられない誠実さのようなものがあるのです。

働き方改革の先陣を切る

ここまでお読みいただき、誠にありがとうございました。宅配業界におけるさまざまな課題と、それらを解決するための施策、そして宅配ドライバーという仕事の魅力や未来について語らせていただきましたが、いかがだったでしょうか？

繰り返しになりますが、宅配ドライバーの働き方改革の第一歩は「低賃金なのに長時間労働」と「多重下請け構造」の撲滅です。この2つを過去のものにするために、私たちはこれからも「共同配送」と「D to C」、そして「DX」を武器に戦い続けていきます。

そしていずれは、宅配が日本におけるインフラの一つとして認められ、宅配ドライバーが憧れの職業になる世界を作り出したいと思っています。

ただ、こんな大きな目標を立てたことに、時としておそれの気持ちを抱くこともあります。そんな時、私は故・稲盛和夫さんの講演会で必死にメモをした内容を見返します。ここで、少しだけ紹介させてください。

・人間として何が正しいのか？　自らに問い、正しい判断を下している

・人の上に立つリーダーは集団の幸福にコミットする

・迷った時には原点に帰ること
・日本企業の97％が中小企業。日本経済、産業を下支えしているのは中小企業
・社員を幸せにすることが、日本経済復活につながる

さて、経営していた飲食店を新型コロナによって閉店ギリギリまで追い詰められた状況から、宅配サービスによって年商7億円の会社にしていくことは、私一人ではまったく不可能なことでした。

すべては「お客様に喜びをお届けしたい」という思いに共鳴して集まってくれた仲間たち、私たちを信じて資金を投じてくださった方たち、私たちに大切な荷物を託してくださった荷主やエンドユーザーの皆様、そして何より今日も荷物を運び続ける宅配ドライバーの皆さんのおかげです。この場をお借りして、改めて心からの感謝をお伝えしたいと思います。

私たちの宅配イノベーションの道はまだ始まったばかりです。これからも「モノと一緒に、想いを届ける」を合言葉に、共に頑張りましょう！

そして、読者の皆さんへ。ぜひ、皆さんと共に新しい宅配便の世界を作り、幸福な宅配ドライバーを増やしていきたいと思っています。この本が少しでも、皆様の人生のお役に立てば幸いです。それでは、最後まで読んでくださったことに心から感謝しつつ、筆を置かせていただきます。

2024年10月吉日

著者

■著者紹介

足立佑介（あだち・ゆうすけ）

1983年9月23日生まれ、宮崎県都城市出身。

富山大学経済学部卒業。大学卒業後、大手通信会社入社。入社1年目で営業成績1位を獲得。フレッツ光サービスクリエーション部で新規事業開発業務に従事。

2010年に独立し、東京都品川エリアにて飲食店を開業。レンタルキッチンのビジネスモデルを考案し、10年間黒字経営、年商2億円を達成。しかし、コロナ禍の緊急事態宣言等により、飲食業が苦境に立たされ、同ビジネスを卒業。

2021年11月、株式会社BLUE BATONを創業し、貨物系自動車運送事業を営む会社として、物流のラストワンマイル業界に参入。新型コロナ支援物資の配送などを経て、大手ドラッグストアなど、ネット通販を行っている小売りチェーンと提携し、実店舗からの商品宅配ビジネスを開拓。大手アパレルを中心とした共同配送も手掛け、さらに顧客を広げる。

さまざま革新とアイデアにより、宅配の効率化、ドライバーの短時間労働、高収入を実現。創業からわずか3年足らずで稼働ドライバー数300人、年商7億円を突破し、急成長を続けている。

「ラストワンマイル業界のイノベーター」として、宅配業界を支えるドライバーの働きやすい環境づくりと社会的地位の向上に尽力。日本一ドライバーを幸せにする会社を目指している。

■出版プロデュース　吉田 浩（株式会社天才工場）
■編集協力　水波 康　関 和幸
■カバーデザイン　飯田理湖

ドライバーの働き方改革

2024年11月20日　初版　第1刷発行

著 者　足立佑介
発行者　安田喜根
発行所　株式会社 マネジメント社
東京都千代田区神田小川町 2-3-13（〒101-0052）
TEL　03-5280-2530（代）　FAX　03-5280-2533
ホームページ　https://mgt-pb.co.jp
印 刷　中央精版印刷株式会社

ISBN978 - 4 - 8378 - 0526 - 7　C0034